福娃 成长系列丛书 总主编：王阔

悉 心 说 体 育

彭 伟 主编

北京日报出版社

图书在版编目（CIP）数据

悉心说体育 / 彭伟主编 . -- 北京：北京日报出版社，
2017.7

（福娃成长系列丛书）

ISBN 978-7-5477-2377-7

Ⅰ . ①悉… Ⅱ . ①张… Ⅲ . ①体育 – 少儿读物 Ⅳ .
① G8–49

中国版本图书馆 CIP 数据核字 (2016) 第 294353 号

悉心说体育

出版发行：北京日报出版社

地　　址：北京市东城区东单三条 8–16 号东方广场东配楼四层

邮　　编：100005

电　　话：发行部：（010）65255876

　　　　　　总编室：（010）65252135

印　　刷：山东旺源印刷包装有限公司

经　　销：各地新华书店

版　　次：2017 年 7 月第 1 版

　　　　　　2020 年 1 月第 2 次印刷

开　　本：787 毫米 × 1092 毫米　　1/16

印　　张：8

字　　数：108 千字

定　　价：30.00 元

序

　　教育的根本任务是"立德树人"，德是根，人是本，发展是关键。教育如何服务学生的全面发展，为学生的未来幸福奠基，是每一位教育工作者必须担当的责任。承担起这份责任，在每一个教育者心中牢牢扎根的是：人是发展的核心，人是幸福的主体，人是教育之根本。因为"心中有本"、"心中有人"、"心中有学生"，所以"因材施教"、"以人为本"、"个性发展"等育人观点在教育工作者中形成了广泛共识。这种"人本"或者"生本"的教育认识从不同的角度、不同的层面，理解和诠释着教育的初心和内涵。

　　以生为本的教育就是顺应教育发展的基本规律，遵循学生成长的科学规律，顺天致性，各美其美，美美与共，使每一名学生"成其所是"：是花朵，教育助其绽放；是胡杨，教育助其参天；是雄鹰，教育助其振翅。一句话，以生为本的教育就是用正确的思路，适合的方法，让每一名学生成为最好的自己。

　　在深化教育综合改革的历史背景下，作为教育工作者应该清醒地意识到：二次创业成为历史的选择，时代的选择。在创业中不断思考如何创办优质教育，不断顺应甚至引领时代发展的需求，在这样的过程中不断地成就学校，成就教师。我以为西辛小学教育集团的"顺性成格教育"，就是顺应孩子的天性和身心发展规律，顺应时代发展趋势和社会发展要求；致力于发扬每个人的个性，致力于发展每个人的社会性；让每个学生形成自己独特的风格，拥有与众不同的行事作风和观念。这是落实"以人为本"的一种行动实践和个性表达。中国人讲"修身、齐家、治国、平天下"，按照这样的逻辑，"顺性成格"就是立足学生发展，遵循教育规律、学生成长规律，整合社会资源，开发课程资源，发挥教师资源，创新渠道资源，搭建师生成长平台，拓展学生成长渠道，努力让每个人成为应该成为的人，做勇于担当的公民；努力让每个人成为可能成为的人，做具有优势的自己，助力每一名学生最美的绽放。

　　这套由西辛小学教育集团一线教师为学生编写的《福娃成长系列丛书》，是一套内容丰富、图文并茂、适合学生的"生本"教育资源读物。内容上体现了涵养做人品格，拥有美好的"品性"；修炼行为标准，具备良好的"能力"。体例上体现了"仁智和美"学生发展核心素养框架下的八种必备品格和八个关键能力。育人目标上体现了西辛小学要培养"会做人、会学习、会共处、会生活的现代公民"。从外在表现上，既有课程的延伸，也有知识的拓展；有德育的渗透，也有学科的整合；关注能力提高，关注素养提升。

　　文学是社会的家庭教师，阅读是寻找精神家园的旅行，每个人的成长都需要不断地指引和开拓，顿悟与回眸。这套丛书的编写，不仅仅是促进教师发展，服务学生成长的一个平台，不仅仅是探索课程改革，开发教育资源的一次尝试，更是引领学生精神成长，培育核心素养，奠基学生未来幸福的一次重要的创新实践。相信它会成为一个媒介，让每一个阅读者开启一段美好的旅程，在成长的田野中不期而遇、相伴相惜……

　　桃李不言，心系学生，胸有梦想，助力成长。以"生本教育"的旋律，和孩子一起成长；以"多元幸福"的视野，和孩子一起仰望星空。

　　谨以为序。以此表示我对《福娃成长系列丛书》编辑出版的祝贺。

（刘克祥现任北京市顺义区教育工委书记，教委主任）

目录
Contents

第一章　足球·······················1

第二章　篮球·······················23

第三章　排球·······················37

第四章　田径·······················53

第五章　体操·······················68

第六章　乒乓球·····················88

第七章　羽毛球·····················102

第八章　网球·······················115

第一章　足 球

　　足球运动是世界上最受人们喜爱、开展最广泛、影响最大的体育运动项目，被誉为"世界第一运动"。有些国家将足球定为"国球"。一场精彩的足球比赛，吸引着成千上万的观众和数以亿计的电视观众成为电视节目中的重要内容。当今足球运动已成为人们生活中不可缺少的组成部分。

古代足球起源中国

　　我国是一个具有悠久历史和灿烂文化的文明古国，2004 年初，国际足联也正式认定足球起源于中国。

　　从殷墟出土的文物中考证，我国在 3000 多年前的殷代就有了关于"足球舞"的记载。当时是作为求神祈雨的一种方式，即人们跳足球舞，以作求雨。战国时期（公元前 475 ～ 公元前 221 年）称足球游戏为"蹋鞠"（汉代以后称之为"蹴鞠"）。"蹋"和"蹴"就是指踢，"鞠"就是球。我国古代足球游戏在清代中期逐渐消亡。

中国古代足球游戏有两种形式：一种是对抗性的，双方互为攻守，身体可以接触，推、拉、抱、摔以将球踢入对方球门为胜；另一种是非对抗性的，又称"场户"，其不受场地和人数等条件的限制，用头、肩、胸、背、膝、脚等部位触球，将球踢出各种花式，技艺娴熟，姿势优美，以作表演。

第一个有记载的球迷。西汉时期的项处是第一个因足球而名垂史册的人，不过他的经历却很不幸。《史记·扁鹊仓公列传》记载，名医淳于意为项处看病，叮嘱他不要过度劳累，但项处不听，仍外出踢球，结果呕血身亡，这也使得项处成为了世界上有史可查的第一个狂热"球迷"。

最早的球星。宋代，踢球的艺人们组织了自己的团体，称为"圆社"，专门推广蹴鞠活动和比赛。北宋时期的高俅就出身于圆社，王明清的《挥尘后录》记载，高俅球技高超，因陪侍宋徽宗踢球，被提拔当了殿前都指挥使，这算是最早的著名球星之一。

外国古代足球活动

世界上的很多国家也有关于古代足球活动记载。

古埃及有个智慧的长者，他用葛藤将水草和树叶紧扎成一团给孩子们玩，人们称之为"藤叶球"。古希腊人用兽皮缝成袋状，将里面填满兽毛和干草，并在表面涂上五颜六色，供人们相互抛踢。美洲印第安人在古代用木或橡胶制作成球，用脚踢进行娱乐。

对现代足球影响最大的是在古希腊、古罗马流行过的一种叫"哈巴斯托姆"的足球游戏，它是在中东足球的基础上，或许还融合了远东足球的某些特点，经过改进而成。这种游戏场地不大，比赛分上、下半场，允许用脚踢和手掷进行争夺，双方都力争把球带到对方的端线而获胜利。"哈巴斯托姆"后经法国人的改革，成为一种称为"叟尔"的活动，但场地非常大，可以将一条街道的长度作为双方争夺的区域，双方仍然是力争把球带到对方的底线。"叟尔"传入英国后，深受人们的喜爱，从而为现代足球运动奠定了基础。

英国国王禁止踢足球。在中世纪英国便有了类似今天的足球活动，当时的足球比赛在城市的街道上进行，对参加的人数、犯规等无规则限制。由于参加人数众多和无组织，比赛时场面混乱不堪，声音嘈杂，而且比赛中往往使沿街的一些店铺和居民的财物受到损害，因此被视为"暴力足球"。为此英国国王爱德华二世在 1314 年下令，凡踢足球的人都要被判刑入狱。爱德华三世在 1331 年也颁布过类似的法令禁止踢足球。

英国国王爱德华二世

现代足球运动在英国诞生

19 世纪初，随着划船、板球和拳击运动在英国被公众广泛接受后，足球也因其显著进步引入公共学校，从而被接受、发展起来。由于没有统一的规则，各学校都根据自己的特点制定独特的规则，导致比赛中各自采取自认为合法的动作或行为。1863 年 10 月 26 日，由伦敦 11 个最主要的俱乐部和学校，在伦敦的弗里森酒店举行会议创立了英格兰足球协会，与此同时也产生了世界第一个统一的足球规则，共有 14 条。这一日被世界公认为现代足球的诞生日，世界各国也公认现代足球起源于英国。

国际足球比赛。1872 年 11 月 30 日，在苏格兰的格拉斯哥城内的苏格兰西部板球俱乐部，英格兰和苏格兰之间进行了现代足球史上第一场国际比赛。比赛结果 0:0。由于当时苏格兰还没有成立足球协会，因此，他们是以苏格兰最早的俱乐部王后公园俱乐部足球队代表参赛的。1884 年，英格兰、苏格兰、威尔士、爱尔兰四个队开始比赛以争夺"不列颠冠军"。

世界上第一个足球俱乐部。在 1855 年，谢菲尔德木球会的成员便已组成一支业余足球队，但并未得到官方承认。在 1857 年 10 月 24 日，尼特利尔·基斯域克 (Nathaniel Creswick) 和威廉·帕雷斯 (William

Prest) 二人正式成立谢菲尔德足球队。谢菲尔德足球队是世界上最早成立并参与现代足球赛事的球队，也是英国有纪录证明的最古老球会。

国际足球联合会的成立

由于欧洲许多国家已成立了足球协会，国际间的比赛增多，迫切需要成立一个世界性的足球组织。1904 年 5 月 1 日，比利时队与法国队在布鲁塞尔比赛之后，两国球队的秘书长比利时的路易斯·米林霍斯、法国的罗伯特·格林在法国巴黎召开欧洲各国足球协会代表会议，由法国、比利时、丹麦、荷兰、西班牙、瑞典、瑞士 7 个国家共同创立了国际足球协会。当时格林先生也邀请英国足球协会成员出席会议，但英国未参加会议。

国际足联的宗旨：促进国际足球运动的发展，发展各国足球协会之间的友好联系。

目前，国际足联会员协会已增加到 209 个，成为会员协会最多的国际单项体育组织。

国际足球联合会

世界性大赛

世界杯男子足球比赛。从 1900 年开始，奥林匹克运动会上就设足球比赛，但因国际奥委会规定只能业余队员参赛，各国的职业足球运动员无法进入国家队，使得奥运会的足球比赛水平不能代表世界最高水平。因此，国际足联 1928 年在荷兰首都阿姆斯特丹举行会议，决定以后每 4 年举行一届世界足球锦标赛。参赛队员不受职业和非职业选手的限制，各国都能组织本国最高水平的球队参赛。最初这一比赛叫做世界足球锦标赛，1956 年更名为朱尔·里梅杯，后来简称里梅杯或世界杯足球赛。

　　世界杯足球锦标赛，还决定设专门的流动奖杯—"里梅杯"即"雷米特杯"，也叫"金女神杯"。同时还规定哪个国家三次获得冠军，将永久地占有这座奖杯。1970年巴西队率先赢得第三次冠军，永久地占有了金女神杯。

　　1971年国际足联重新制作了新的奖杯，命名为"国际足联世界杯"，并规定此杯为永久性流动杯。

　　雷米特杯的传奇经历。世界杯赛从1930年至今有过两座奖杯，"雷米特杯"和"大力神杯"。从1930年第一届到1970年第9届，使用的奖杯都是雷米特杯。

左为"国际足联世界杯"，又称大力神杯，右为"雷米特杯"

　　1930年第一届世界杯举行前，法国雕塑家亚伯·拉弗勒尔设计了雷米特杯的造型，这是一座以八边形大理石底座托起的奖杯，主体是希腊胜利女神尼凯的形象，尼凯身着长裙，展开她特有的翅膀，并用双手托举起一只大杯，象征着胜利和荣誉。奖杯由纯银制成，外面镶金，高35厘米、重约3.8公斤，底座的四面各镶了一块金牌，上面用来铭刻冠军队的名字。

　　雷米特杯的命运颇为坎坷，又充满了传奇色彩。二战期间，奖杯一度"失踪"，最终查明，是国际足联副主席巴拉西将它藏在自己床下的鞋盒里，这才使它幸免未落入占领军的手里。1966年3月世界杯前，雷米特杯在英国巡回展出，其间在伦敦西敏寺卫理中央大楼（Methodist Central Hall）展出的雷米金杯失窃，当地警方于全国搜索雷米金杯的下落，一周后被一只名叫皮克勒斯的狗在伦敦南部的一处灌木丛下找到，狗的主人为此得到了53英镑的奖金，皮克勒斯也得到了一块肉骨头的奖励。出于安全考虑，英格兰足球总会秘密制作了一件仿制品，用于赛后庆祝。

1983年，已经被巴西永久占有的雷米特杯第三次失踪，它在里约热内卢被偷走，这一次，它没能幸免于难，至今仍然下落不明。外界认为雷米金杯有可能已经熔化成黄金出售。巴西人得到了雷米特杯的永久保留权，但却没能真的将它永久留住。后来，巴西足协制作了一件由柯达公司制造的复制品作为补偿。

如今的大力神杯是第二座世界杯金杯，国际足联决定不再永远留给世界杯得主，即使连夺三次也不行。在冠军国摆四年后就得归还，比完赛再颁给下届冠军。

大力神杯的底座上共可刻下1974至2038年17届世界杯冠军的名字，但在2038年的世界杯完结之后，大力神杯是否将退役尚不清楚。

2014年巴西世界杯，德国队荣获冠军。

足球名人堂

新王当立

里奥内尔·梅西

国籍：阿根廷

出生地：罗萨里奥，阿根廷

出生日期：1987 年 6 月 24 日

位置：前锋

俱乐部：巴塞罗那

曾经金童

费尔南多·托雷斯

国籍：西班牙

出生地：丰拉夫拉达，西班牙

出生日期：1984 年 3 月 20 日

位置：前锋

俱乐部：马德里竞技、利物浦、
　　　　切尔西、AC 米兰

舍瓦其谁

安德烈·舍甫琴科

国籍：乌克兰

出生地：德维基夫辛那，苏联

出生日期：1976 年 9 月 29 日

位置：前锋

俱乐部：基辅迪纳摩、AC 米兰、
　　　　切尔西

足球上帝

迭戈·马拉多纳

国籍：阿根廷

出生地：拉努斯，阿根廷

出生日期：1960 年 10 月 30 日

位置：中场

俱乐部：阿根廷青年队、博卡

青年队、巴塞罗那、那不勒斯、塞维利亚、纽维尔老伙计

足球运动基本知识

比赛场地

第一，场地图示（图 2-1）与场地尺寸图示（图 2-2）。

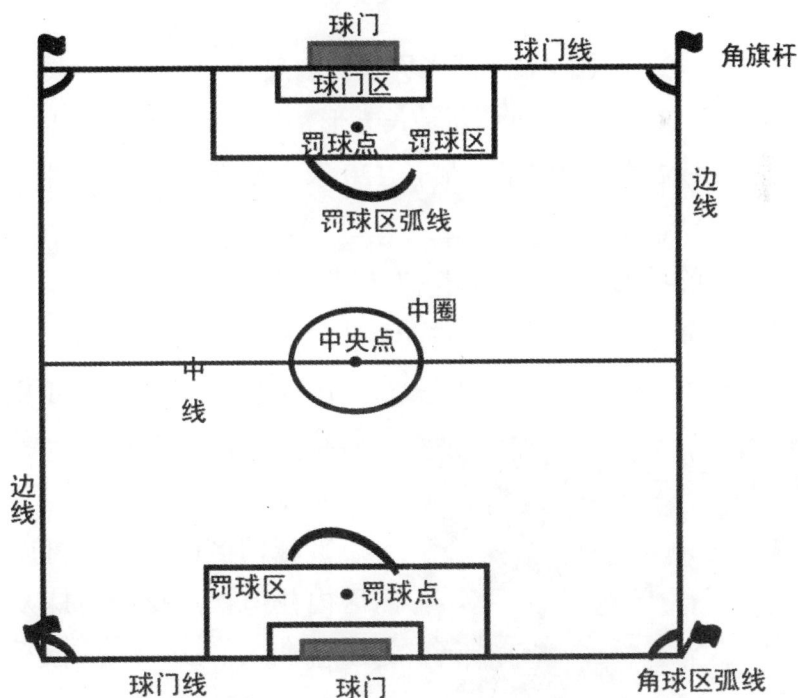

图 2-1　球场界线及设备

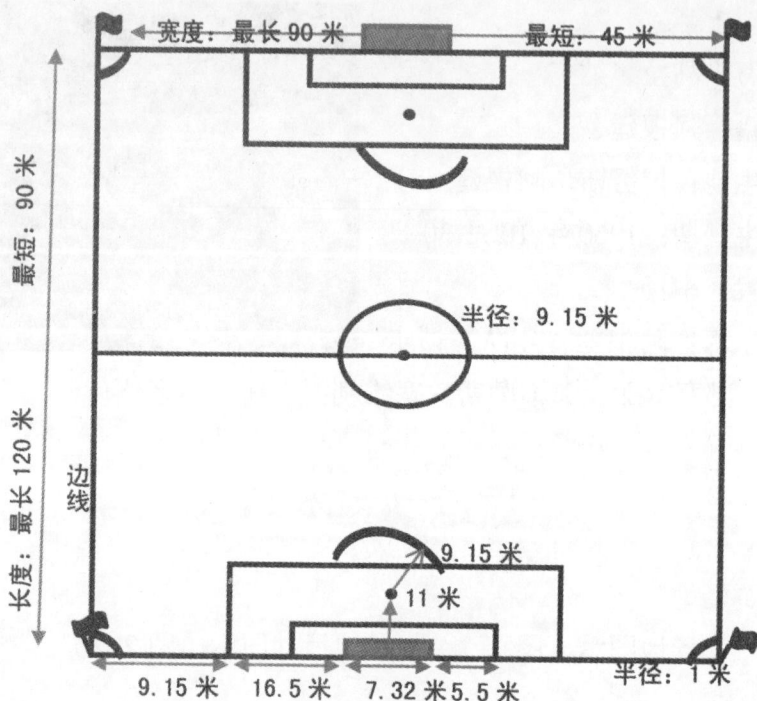

图 2-2　球场界线公制尺寸

1. **场地尺寸**。比赛场地必须是长方形，边线的长度必须长于球门线的长度。长度：最短 90 米，最长 120 米，宽度：最短 45 米，最长 90 米。

国际比赛的场地：长度 100 米 –110 米，宽度 64 米 –75 米。

世界杯决赛阶段的场地：长度 105 米，宽度 68 米。

2. **角旗杆**。在场地每个角上各竖一根不低于 1.5 米的平顶旗杆。角旗杆是球门线与边线分界处的一个标志。

3. **球门区的作用**。可以在球门区内任何地点踢球门球及本方的任意球。

4. **罚球区的作用**。（1）守门员在本方罚球区内可以用手触球。

（2）球员在本方罚球区内犯规，应判罚点球；

5. **罚球点的作用。** 在每个罚球区内距离球门柱之间等距离的中点 11 米处设置一个罚球点，罚点球时，球必须放定在罚球点上。

6. **中线、中圈、中点的作用。** 两条边线的中点相连结为中线，中线把全场划分为两个相等的半场。中线的中点为开球点，

以中点为圆心，9.15 米为半径画一圆为中圈。

开球时球必须放定在中点；双方球员须站在各自半场；当裁判员鸣哨后，球被踢出，比赛方为开始，这时双方球员可进入对方半场。

比赛用球

1. **比赛用球的大小型号？**

答：室外比赛为 5 号球，室内比赛为 4 号球。

2. **比赛用球的周长为多少？**

答：球的周长不短于 68 厘米，不长于 70 厘米。

3. **比赛用球的重量为多少？**

答：球的重量在比赛开始时不多于 450 克，不

少于 410 克。

4. 比赛用球的气压为多少？

答：球的压力在海平面上等于 0.6 ~ 1.1 个大气压。

5. 球的制作材料有什么规定？

答：用皮革或其他适当材料制成。

6. 在国际足联和洲际联合会主办的比赛中，应使用带有哪三种标志之一的比赛用球？

答：在国际足联和洲际联合会主办的比赛中，应该使用带有"国际足联批准"标志、"国际足联监制"标志或"国际比赛球标准"标志的比赛用球。在球上印有其中任一标志就表明球已被正式检测，并符合各个级别所规定的特殊技术要求。相关的检测机构也要得到国际足联的同意。各国足协的比赛可以要求使用符合上述三种标志之一的球。（见下图）

FIFA
APPROVED

国际足联批准

FIFA
INSPECTED

国际足联监制

IMS

INTERNATIONAL
国际比赛球标准
MATCCHBALL

STANDARD

"桑巴荣耀"制作细节

裁剪 黏贴 测圆

"桑巴荣耀"球体周长约 69.1 厘米，符合 FIFA 对比赛用球 68 厘米~70 厘米的要求，而球的重量为 437 克，刚好达到了 FIFA 规定 420 克~445 克的标准。"桑巴荣耀"由 6 块螺旋桨形状皮面由热缝合技术拼接而成。拼块数量少于 2010 南非世界杯官方用球"普天同庆"的 8 块和 2006 年德国世界杯官方用球"团队之星"的 14 块，堪称史上最圆的足球。为比赛带来更好的场上控球、触球、稳定性以及空气动力学性能。

球员人数

1. 一场比赛每队上场球员人数有什么规定?

答：每队上场队员不得多于 11 名，其中必须有 1 名守门员。如果任何一队少于 7 人则比赛不能开始。比赛中某队球员人数少于 7 人，裁判员应终止比赛。

2016 年欧洲杯西班牙队首发 11 名球员

2. 比赛中，裁判员发现场上某队有 12 名球员参加比赛?

答: 应立即停止比赛,令擅自进场的替补球员出场并给予黄牌警告。

3. 比赛中守门员是否可以与场上其他球员互换位置?

答：可以，但必须事先报告裁判员并在比赛停止时互换。

4. 由国际足联、洲际联合会或国家协会主办的正式比赛中，每场比赛最多可以使用几名替补球员?

答：3 名

足球场上 11 人制的由来。在 19 世纪早期的英国伦敦，牛津和剑桥之间进行比赛，他们组织起来，并制定了一项规则，即剑桥规则，当时每队有 11 个人进行比赛。因为当时在学校里每套宿舍住有十个学生和一位教师，因此他们就按每队 11 人进行宿舍与宿舍之间的比赛，现在的 11 人足球比赛就是从那时开始的。

球员装备

1. 球员的基本装备有哪些？

答：运动上衣（不得为无袖上衣）、短裤、护袜、护腿板（必须由护袜全部包住）、足球鞋。如果不符合上述要求，则不允许参加比赛。

2. 守门员的服装颜色有什么要求？

答：守门员的服装颜色必须有别于其他球员、裁判员和助理裁判员。

3. 球员可以佩戴戒指、项链、普通眼镜上场参加比赛吗？

答：不可以。

4. 正式比赛队长必须佩戴袖标吗？

答：必须佩戴袖标。

5. 守门员可以戴帽子参加比赛吗？

答：可以。

护腿板在正式比赛中必须佩戴，由于足球比赛的高对抗性，球员被踢到小腿是经常的事情，而护腿板可以分散、缓冲施加到小腿上的压力和冲力，从而保护球员。

如果球员没有佩戴护腿板，暴力作用于小腿时可以发生小腿骨折。

球员只有等到身体发育到一定程度，在脚

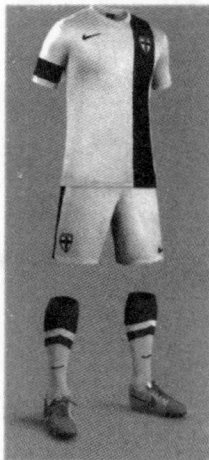

形基本固定下来的时候，才能为自己选择合适的足球鞋。

首先，应当试穿多种足球鞋，从中选择出最合脚的。由于生产厂家的不同，因此球鞋在重量、宽度、背部的高低方面均有所不同。有些人认为某著名球星穿的某款鞋，设计很帅、很酷，因而将其作为一种选择的标准，但实际一试，或挤、或磨脚等，这些都属于不合适自己的足球鞋。要想踢出漂亮的球，必须要很好地保护自己的脚，因此选鞋时必须反复试穿，才能选择到适合自己的足球鞋。

竞赛规则注意事项

比赛时间

足球比赛常规时间为 90 分钟，分为上下半场，分别为 45 分钟，每半场结束之后根据比赛情况加时几分钟，中场休息不超过 15 分钟，下半场双方交换场地。

进入淘汰赛的两支球队需要进行加时赛，加时赛也分上下半场，各 15 分钟，且中场没有休息，直接交换场地。如果加时赛还没有分出胜负就进行点球大战，直到分出胜负为止。

计胜方法

当球的整体从球门柱间及横梁下越过球门线，而此前攻方未违反竞赛规则，即为进球得分。球的整体没有越过球门线的球是不能被判作进球的。（图 2-3）

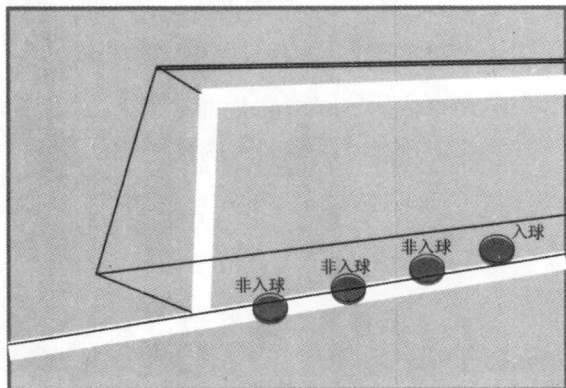

图 2-3

比赛进行及死球

线是场地的一部分，球的整体不论从地面或空中全部越过球门线或边线时，即为死球（球出界）。

当球触及门柱、横梁、角旗杆或助理裁判员身体又弹回场内时不算出线，比赛继续进行。（图2-4）

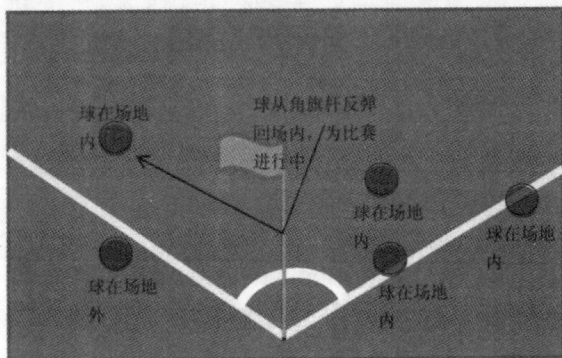

图2-4

掷界外球

当球的整体不管是从空中还是在地上越过边线时，则由最后触球的对方球队掷界外球。掷界外球应注意以下几点：

第一，界外球应当从球出线边线的地点掷出。

第二，掷球时，运动员的双脚都应有部分站在边线上或者是在边线外。

当掷界外球时，运动员的双脚的一个部分必须与地面接触，不能抬起脚掷界外球，如果球员违反规定，由对方掷界外球。

第三，双手持球于头后方，面向场内，两手用力，从头后经头上用一个完整的连贯动作将球掷入场内。

第四，球应当是双手掷出。

第五，界外球必须将球掷进场地，比赛方可开始。

第六，掷球球员在其他球员触球前不得再次触球。

第七，掷界外球不能直接进球得分。

第八，所有对方队员距掷球点不能少于2米。

球门球

当球的整体不论从地面或空中越过球门线，而最后触球者为攻方球员，且没有进球得分时，由守方罚球门球。正确的程序如下：

第一，球必须被放在球门区里任何位置。

第二，球必须踢出罚球区，比赛方可开始。

第三，当球被踢出罚球区之前，对方球员不能进入罚球区。

当守门员把球传给在罚球区外的同队球员，有时对方球员会迅速地跑进罚球区将球截下，这是不允许的，应当重新罚球门球。

角球

当球的整体不论从地面或空中越过球门线，而最后触球者为守方球员，且没有进球得分时，由攻方罚角球。正确的程序如下：

第一，将球放在离球出界处最近的角旗杆的角球区内，而不是由球员任选角球区踢角球。

第二，不得移动角旗杆。

第三，守方应在距角球弧至少9.15米以外，直至角球开出。

第四，当球被踢并移动时比赛即为进行。

第五，踢球球员在其他球员触球前不得再次触球。

踢角球时，球的整体从空中出界后旋转回到场内，攻方球员头顶球入网，助理裁判员提示该球在球进门前已出界；进球无效，由守方罚球门球。

任意球

任意球的种类：任意球分为直接任意球和间接任意球两种。

直接任意球：可以直接射向对方的大门，不经其他球员接触，可以直接射门得分。

间接任意球：不可以直接射门得分。只有当球进门前触及到另一名球员才可得分。如果间接任意球直接踢入对方球门，判为球门球。

足球观赛礼仪

足球
Football

足球比赛是对抗性、冲撞性很强的球类运动，观看足球比赛情绪起伏很大，因此，应特别注意控制自己的情绪。球队入场要为双方球员鼓掌，为营造赛场氛围，球迷可以穿着与自己喜爱球队相同颜色的球衣，可以采取敲锣打鼓、有节奏鼓掌、摇摆旗帜等方式喝彩助威。观赛时，尽量不站起来，如前排有人站起来影响到自己的视线，可以平和的语气提示对方；不喝倒彩，不辱骂、不用语言攻击场上队员、教练员、裁判员。不携带赛场明令禁止的各种物品入场，不往场地内投掷杂物，以免造成场内秩序混乱，比赛结束后带走垃圾，妥善处理。

足球游戏

游戏：跳舞的双脚

时间：10分钟–15分钟

人数：不限（每组两人）

练习目的：练习1次–2次触球后将球传出的技术。

组织形式：有标志线画出或标志桶围成一个30米

×40 米的长方形区域。所有队员都在场区之内，两人一组，每组用一个球。两人之间相距 3 米~4 米。

方法步骤：两名队员在活动中用脚内侧或脚背外侧对传球。游戏开始，要保持在活动之中传球，而不允许站在原地。同时，两人之间要保持 3 米~4 米的距离。触球一至两次后必须将球传出。1 分钟为 1 局，每局结束后稍事休息。

记分：每局结束后，各组计算所完成的传球次数，完成传球次数最多的一组得 2 分，其次的一组得 1 分，整个游戏结束之后，得分最多的组为胜方。

练习要点：完成技术动作的关键在于传球的准确性，以及对近距离球的控制和良好的观察力，队员要尽可能直接出球。场区范围的大小要根据队员的人数、年龄和技术能力而定。在 30 米 –40 米的区域内，10 组 –12 组队员比较合适。如果队员人数过多，要增加场区范围。

游戏：绕圈运球

时间：10 分钟　　　　**人数：**6 人 –10（分为几个队，人数均等）

练习目的：提高运球技术的合理性及运球的速度。

组织形式：用标志线画出一个直径为 15 米 –20 米的圆圈。由两队各出一名队员成为一组，给每组编号。两名队员在线上面对面站立，每组一个球。

方法步骤：叫其中一组得编号，例如"第三组"，游戏开始。这一组的两名队员立即沿着圆圈的逆时针方向，一人快速运球，另一人追赶。运球的队员要争取在后面的队员追上之前跑完一圈。当这组队员回到最初的位置时，任意叫另一组的编号，游戏继续。每组做完后两人交换任务。

记分：队员在被追上之前，运球跑完一圈，所在队得 1 分。得分多的队为胜方。

练习要点：根据队员的年龄和能力调整圆圈的大小，要使追赶的队员有机会追上运球的队员。另外，也可以要求运球队员在被追上之前跑完两圈。

游戏：逃脱蟹魔

时间：5 分钟（重复） 　　　　　　**人数**：不限

练习目的：提高运球技巧。

组织形式：在 20 米 × 30 米练习场地内指定 5 名 –6 名队员作螃蟹。螃蟹在场地中间仰卧并用手和脚支撑地面使身体腾空，其余队员每人一球在场地以外。

方法步骤：教练员发出信号后，场外队员运球进入场地，螃蟹对运球队员进行抢截，并设法把球踢出界。螃蟹可以相互配合，夹击、围抢运球队员，但在练习过程中必须保持其身体姿势，同时不能用手抢球。运球队员利用变换运球的速度和方向，并结合身体假动作摆脱螃蟹围追堵截，倘若球被踢出界，立即捡回，重新投入练习。重复练习时可指派不同的队员作螃蟹。

记分：螃蟹将球踢出界一次得 1 分，积分最多的队员为优胜者。

练习要点：减小练习场地或增加螃蟹人数，可加大运球队员练习难度。注意不要踩到螃蟹的手。

游戏：狼和羊

时间：10分钟－15分钟　　　**人数：**不限（分成人数相等的两队）

练习目的：提高运球速度和控球能力。

组织形式：画出一个30米—40米的练习场地，在场地的四角再画出5米—5米的安全区。两队用不同颜色的号码衣区分，分别称为蓝队和红队。每名队员一个球。

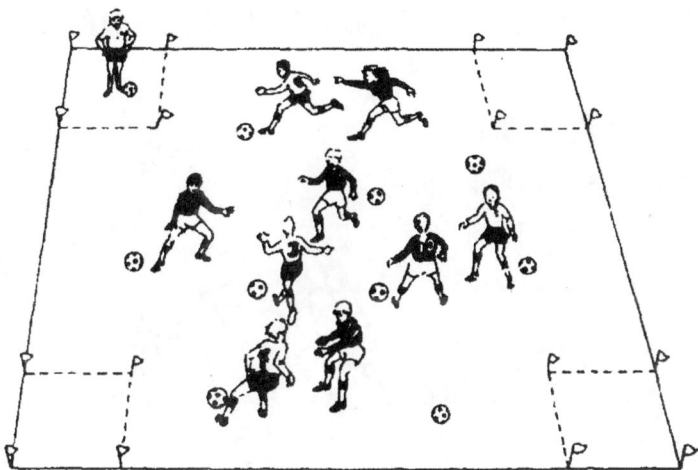

方法步骤：全体队员在场地内自由运球，并控制好自己的球，但不能进入安全区。30秒—45秒后教练员发出信号，如喊"蓝队"所有队员立即快速运球进入安全区，而此刻红队队员放弃控球并设法捕捉（用手）蓝队队员阻止其进入安全区。捕捉队员称之为狼，逃向安全区的队员称为羊，羊进入安全区后不能再被捕捉。每回合结束后，全体队员再回到场地中间运球，准备开始第二回合。重复若干次，并不固定地变换角色。

记分：羊成功到达安全区一次得1分。几回合比赛后积分多的队为胜方。

练习要点：迅速变换运球速度或运球方向，避开防守队员。加大练习场地或要求狼带球拦截，可以增加练习难度。

游戏：**手球比赛头球攻门**

时间： 15分钟　　　　　　　**人数：** 12人（每队4人，4名中立队员）

练习目的： 提高头顶球射门能力，发展耐力素质。

组织形式： 练习场地40米×50米。在两端线的中间用标志物或旗杆各设立一个宽4米的球门，用不同颜色的号码衣区分两队和中立队员。

方法步骤： 每队防守一个球门，并攻击对方球门，不设立守门员。只能用手进行传递不能争抢，在传球之前可以持球行走5步，允许断截对方传球和阻拦对方射门。必须用头顶球射门得分。中立队员属于控球一方，以利于形成8打4的局面。教练员在场地中央向空中抛球开始，队员跳起争球，获得控球权。防守一方通过下列途径获得控球权：

（1）断截到对方传球。

（2）对方持球掉落地面。

（3）对方持球行走5步以上。

（4）对方控球出界。

记分： 进球多的一方为胜方。

练习要点： 确保控球权。多用短传，少用可能被拦截的长传。向下顶低平球攻门得分。

第二章　篮　球

　　现代篮球运动最早起源于美国，自1891年发展至今，如今已成为世界上最普及的大众体育项目之一。篮球运动在我国体育运动中也有着广泛的群众基础，尤其深受青少年的喜爱。

　　篮球运动具有对抗性、趣味性、健身性等特点，不仅能提高学生的跑、跳、投能力，还能提高学生的灵敏、协调、速度、耐力、柔韧和力量等多项身体素质。篮球运动还能培养学生的勇敢、拼搏的优良品质和团队精神。篮球运动是一项非常适合小学生参与的体育运动。

起源

　　篮球运动是1891年由一名体育教师发明的，他就是美国马萨诸塞州斯普林菲尔德市基督教青年会训练学校的詹姆士·奈史密斯（JamesNaismith）博士。

　　当时，由于在寒冷的冬季，人们缺乏室内进行体育活动的球类竞赛项目，奈史密斯决心设计一项适合冬季室内进行比赛的运动项目。他从工人和儿童用球向"桃子筐"投准的游戏中得到启发，将两只桃篮分别钉在健身房内两端看台的栏杆上，作为投掷的目标，桃篮口水平向上，距地面刚好3.05米，也就是现在篮圈距地面的高度。用足球作比赛工具，向桃篮投掷，投球入篮得1分，按得分多少决定胜负。因为这项游戏最初使用的是桃篮和球，遂取名为篮球。

发展

最初的篮球比赛规则很简单，对场地大小、参加人数多少、比赛时间长短都没有统一的规定。1892年，为了使篮球游戏在公平对等的条件下进行，同时不允许粗野动作的发生，奈史密斯制定了第一部13条的原始规则，主要规定是不准持球跑，不准有粗野动作，不准用拳击球，否则即判犯规连续3次犯规判负1分；比赛时间规定为上、下半时，各15分钟，中场休息10分钟；对场地大小也作了规定。上场比赛人数逐步缩减为每队10人、9人、7人，1893年定为每队上场5人。

1904年美国青年会男子篮球队在第三届美国圣路易斯奥运会上进行了表演，此后，篮球运动逐步在全世界开展起来。1932年6月18日在瑞士日内瓦成立了国际业余篮球联合会（FIBA）。 1936年第11届柏林奥运会上，男子篮球被列为正式比赛项目。随后，在1950年和1953年分别举行了第1届世界男篮和女篮锦标赛，1976年第21届蒙特利尔奥运会上，女子篮球被列为正式比赛项目。

如今，篮球运动在全世界开展得极为广泛。奥运会篮球比赛、世界篮球锦标赛、亚洲篮球锦标赛、美国男子职业联赛（NBA）、中国男子职业联赛（CBA）等一系列重要赛事，吸引了数以亿计的观众。大家关注的不仅仅是比赛的胜负，更为重要的是欣赏篮球运动员精彩的表演，沉浸在篮球带给他们的快乐之中，体验着那令人心潮澎湃的篮球魅力。

为纪念在1891年的12月21日举行的首次世界篮球比赛，篮球界将此日定为国际篮球日。

中国篮球的发展

现代篮球运动由美国国际基督教协会派往中国天津基督教青年会任职的第一任总干事来会理先生于1895年12月介绍传入我国。

据有关文献记载，我国最早出现篮球运动的时间是1895年12月

8 日，地点是天津的北洋医学堂，这里也就成为中国篮球"梦开始的地方"。次年 3 月 28 日在天津举行了中国历史上的第一场篮球比赛。

之后，篮球运动迅速向全国各地传播。1910 年在南京举行的旧中国第一届运动会上进行了篮球表演赛，1914 年篮球被列为第二届全国运动会的正式比赛项目。同年，女子篮球列为表演项目并在 1930 年的第四届全国运动会上成为正式的比赛项目。1956 年 6 月中国篮球协会正式成立，主管篮球运动。

新中国成立后，国家非常重视体育活动的开展，篮球运动也得到了蓬勃发展。国家组织篮球运动的学习研讨等活动，极大地促进了篮球运动在我国的普及和提高。我国男女篮在亚洲堪称是"亚洲霸主"，同时走向了世界。中国国家男子篮球队自 1975 年首次参加亚洲男子篮球锦标赛以来，夺得 16 次亚洲男子篮球锦标赛冠军；自 1974 年首次参加亚运会男篮比赛以来，夺得 10 次冠军；世界男子篮球锦标赛最好名次为第 8 名（1994 年）；参加奥运会男篮比赛，最高名次为奥运会男篮第 8 名（1996、2004 年、2008 年）。中国国家女子篮球队以巾帼不让须眉的气势取得过辉煌的战绩，5 次夺得亚运会冠军，11 次夺得亚洲女子篮球锦标赛冠军，1992 世界女子篮球锦标赛夺得亚军，1992 年巴塞罗那奥运会夺得亚军。中国国家女子篮球队的世界排名长期保持在世界前八，亚洲第一。

美国男子职业篮球联赛（NBA）的由来

美国职业篮球联赛（National Basketball Association），简称 NBA，这里聚集了全世界顶级的篮球运动员，是世界上水平最高的篮球赛事，吸引着数以亿计球迷的目光。

NBA 在 1946 年 6 月 6 日诞生时有一个陌生的名字叫 BAA，即全美篮协会（Basketball Association of America），由美国波士顿花园老板沃尔特·布朗发起，十一家冰球馆和体育馆的老板为了让体育馆在冰球比赛以外的时间不至于冷场闲置而共同发起成立的。BAA 成立时共 11 支球队，分别是：纽约尼克斯队、波士顿凯尔特人队、华盛顿国会队、芝加哥牡鹿队、克利夫兰叛逆者队、底特律猎鹰队、费城武士队、匹兹堡铁人队、普罗维登斯蒸气队、圣路易斯轰炸机队和多伦多爱斯基摩人队。直到 1949 年，BAA 吞并了另一个联盟（NBL），并改名为美国职业篮球联赛 (NBA)。

NBA 发展到今天球队数量达到 30 支，分别属于东部联盟和西部联盟，每支球队每个赛季要打 82 场常规赛，东西部联盟常规赛的前八名再进行七场四胜制的季后赛，共分四轮，最后一轮也称为总决赛，由东西部联盟的冠军争夺 NBA 的最高荣誉——总冠军。

中国男子职业篮球联赛（CBA）的由来

CBA 是中国男子最高级别的篮球赛事，这里也培养出许多我们喜爱的球星，中国的"移动长城"姚明、王治郅、巴特尔；2007 年，NBA 选秀中以第六位的成绩被密尔沃基雄鹿队选中的易建联；中国篮球历史上第一个同时拥有 NBA 和 CBA 总冠军戒指的孙悦；被休斯敦选中的"大魔王"周琦。

1995 年 CBA 创办时有 12 支球队参加，发展至今球队数量已经达到 20 支。所有球队都要进行双循环的常规赛，胜一场积 2 分，负一场积 1 分，弃权 0 分，常规赛结束后排名前八名的球队再进行季后赛。季后赛采用交叉淘汰赛，四分之一决赛和半决赛均采用五战三胜制，总冠军决赛采用七战四胜制。CBA 走过的 21 个赛季诞生了 5 个冠军球队，分别是：八一双鹿电池、广东宏远、上海东方、北京金隅、四川金强。其中，八一双鹿电池和广东宏远分别八次夺冠，北京金隅四年三次夺冠。

篮球名人堂

姚明

姚明出生于上海的一个篮球世家，父母身高的特征和对篮球酷爱的基因，在姚明的身上体现得淋漓尽致。2.26 米的姚明通过自己的努力成为了中国篮球史上最伟大的篮球运动员。姚明帮助 NBA 扩大了在中国的知名度，改变了世界篮球运动的面貌。

2002 年，姚明率领上海队夺得中国男子职业篮球联赛总冠军。同年，在美国男子职业篮球联赛选秀大会上被休斯敦火箭队以状元签选中，一段传奇正式开始。在世界篮球高手聚集的 NBA，姚明的身体素质并不出众，但是姚明通过不懈的努力赢得了尊重，赢得了属于他的荣誉。

2003 年至 2008 年连续六个赛季入选 NBA 西部全明星阵容。2008 年北京奥运会，他带领中国队进入奥运八强，追平了中国男篮的历史最佳战绩。2009 年，姚明收购上海男篮，成为上海大鲨鱼篮球俱乐部老板。开始用自己的管理才能为中国体育的发展做出贡献。2011 年 7

月 20 日，姚明正式宣布退役。虽挥手作别球员时代，但姚明的精彩人生路仍在继续。他把更多的工作放在慈善事业，由他发起成立的"姚基金"就是致力于青少年的助学、健康与福利等方面的慈善基金。姚明还拍摄一些公益广告呼吁全世界保护环境保护动物。2015 年 2 月 10 日，姚明正式成为北京申办冬奥会形象大使之一。2016 年 4 月 4 日，姚明正式入选 2016 年奈·史密斯篮球名人纪念堂，成为首位获此殊荣的中国人。

无论是篮球场上还是篮球场外，姚明都以独特的人格魅力成为中国篮球史上最伟大的篮球运动员。我们希望精彩的"姚时代"能继续下去。

马布里

马布里，先后效力于密尔沃基雄鹿队、明尼苏达森林狼队、新泽西网队、菲尼克斯太阳队、纽约尼克斯队和波士顿凯尔特人队。2012 年起效力于北京金隅男篮，分别在 2012 年、2014 年、2015 年三次率领球队获得 CBA 总冠军。马布里积极地融入这座城市，为这支球队做出了巨大努力与付出，在此过程中建立了对于这座城市的深厚感情，北京球迷都亲切地称之为"老马"、"马政委"。

"我很幸运，因为我爱那里（中国）。我之所以爱那里是因为那里的人，他们所做的一切，让我想永远地待在那个国家。"这是老马当初申请"中国绿卡"的原因，也是这里的人们深爱老马的原因。2015 年 12 月，马布里如愿拿到"中国绿卡"，成为 CBA 历史上第一个获得《外国人永久居留证》

的现役外援，这开创了 CBA 甚至中国体育的历史。在北京队 2011-2012 赛季首次夺得 CBA 总冠军之后，北京市政府为了表彰马布里在为北京队夺冠过程中起到的重要作用，为他颁发了"长城友谊奖"，"长城友谊奖"是北京市人民政府授予在京工作的外国友人的最高荣誉。2014 年，时隔一个赛季之后，马布里率领北京队第二次夺得 CBA 联赛总冠军，北京市政府授予马布里"北京市荣誉市民"的称号，并且配发了象征荣誉市民的钥匙。2015 年 5 月 25 日，斯蒂芬·马布里被北京市环保局聘任为第三届北京环保公益大使。

老马用心地为这支球队付出，真心的融入这座城市，获得这里的人们对他的尊敬，他在这里获得了巨大的归属感。希望老马退役后继续留在北京，为这座城市做出更大的贡献。

科比

"你知道洛杉矶凌晨四点钟的样子吗？"是的，科比知道洛杉矶每天凌晨四点钟的样子。科比之所以这么成功，正是因为他坚持每天清晨 4 点就起床，进行体能训练和投篮练习，他这样坚持了一天又一天，洛杉矶清晨 4 点的黑暗始终没有改变，而他的身体素质和篮球技术却逐渐发生了变化。他的坚持让他从一个默默无闻的人变成一个万众瞩目的明星。

科比·布莱恩特（Kobe Bryant）整个 NBA 生涯（1996 年 -2016 年）一直效力于 NBA 洛杉矶湖人队。2016 年 4 月 14 日，在结束了篮球生涯最后一场主场对阵爵士的常规赛之后，科比·布莱恩特正式宣布退役。科比的职业生涯是辉煌的。11 次入选 NBA 最佳阵容第一阵容；9 次入选 NBA 最佳防守阵容第一阵容；13 次全明星首发

球员；1 次常规赛最有价值球员；2 次总决赛最有价值球员；获得 5 次总冠军；2008 年北京奥运会、2012 伦敦奥运会科比带领美国队一路过关斩将获得奥运会冠军。

科比的成功来自于勤奋。他给自己制定的训练比任何一个人都要长，练的比任何一个人都要刻苦，无论训练到多晚，第二天的凌晨四点他都会准时出现在训练场。直到他退役的最后一场比赛之前，他都每天坚持上百次的投篮练习，这就是那个勤奋刻苦的科比，即便是放眼整个 NBA 历史长河中，也很难再找出如科比一般勤奋刻苦的球员来了！

成功没有捷径，只有刻苦的训练，才能到达成功的彼岸。

库里

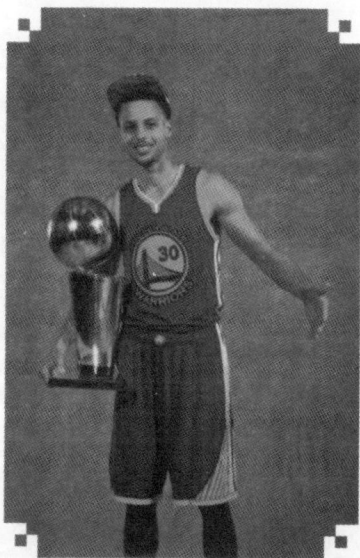

说当下最炙手可热的篮球明星，那当然是要非库里莫属了，如传奇一般的库里的人生故事，激励着有梦想的年轻人们的理由是："这家伙太瘦小了，根本打不了 NCAA。"。库里作为 2016 年正式蝉联常规赛 MVP，全票当选成历史的第一人，在这一年走上了他职业生涯的巅峰。

关于库里的励志故事，当时高中毕业的库里，没有一所名校愿意接受这个身高 183 公分体重 72 公斤的小家伙，最终戴维森学院这所自 1969 年以来就没在美国大学生篮球联赛锦标赛赢过球的，只有 1700 名学生的学校在最后时刻为库里提供奖学金。之后没多久，就多了个让后人津津乐道的"库里神话"，库里单赛季一共投中 162 个三分，刷新了美国大学生联赛单季三分球命中纪录。

在当年选秀大会上，库里以第 7 顺位被勇士摘走。和大多数 NBA 球员将乔丹、魔术师等殿堂级球员视作偶像不同，他的偶像是"小虫"

博格斯，这位 1 米 6 的控卫是 NBA 史上最矮球员。库里向着自己心中的梦想不断努力，同时向怀疑他的人证明，他可以成为这个联盟最好的球员。2014-15 赛季随勇士队获得 NBA 总冠军；两次当选常规赛 MVP，两次入选最佳阵容第一阵容，4 次入选全明星赛西部首发阵容。2010 年随美国队获土耳其世锦赛冠军，2014 年随美国队获西班牙篮球世界杯冠军。

他自己说："如果你花点时间弄清楚你的梦想是什么，你的人生真正想要的是什么，无论是什么，是体育也好，或是其他领域的东西也好，你得明白，你必须为之付出努力，而且不管是从事什么，你都要成为最刻苦最勤奋的那一个，然后你就会把自己放进一个迈向成功的位置，你必须要对自己所做的事情充满热情，而我的热情就是篮球，是它带着我走到今天。"

篮球规则

一场比赛由两个半时组成，一个半时分为两节，每节 10 分钟，节间休息 2 分钟，半时之间休息 15 分钟。篮球比赛由两只球队参加，每队 5 名队员出场（三对三比赛，每队派 3 名队员出场）。所有队员应穿同样颜色的服装，背心前后应有号码，可以使用 0 至 99 的任意号码。

一次罚球出手中篮计 1 分，2 分投篮区域出手中篮计 2 分，3 分投篮区域出手中篮计 3 分。如果队员意外地将球投入本方球篮，中篮计 2 分；如果队员故意地将球投入本方球篮，这是违例，中篮不计得分。如果队员使球整体从下方穿过球篮，这是违例。每支球队在一场比赛中尽可能地在对方球篮多得分，并阻止对方得分。比赛结束时得分较多的队为比赛胜利者。

比赛场地应是一块平坦、无障碍物的硬质地面。标准尺寸为长 28 米、宽 15 米，从边线的内沿丈量。

比赛场地所有的线必须用白色画出，宽 5 厘米清晰可见。

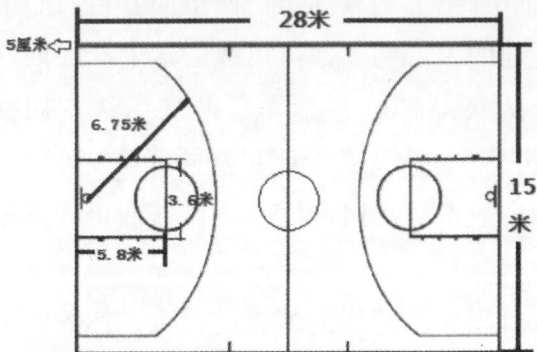

罚球线其长度为3.6米，从端线内沿到它的最外沿是5.8米。

三分线，以球篮中心正下方场地上的点为圆心，画一个半径（圆弧外沿）是6.75米的圆弧，其两端是从端线引出两条平行线。

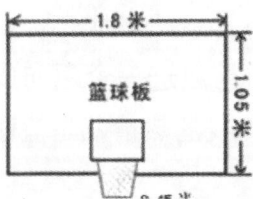

每块篮板应用一块平整坚硬的木材或适宜的透明材料制成，它的长为1.8米，宽1.05米。

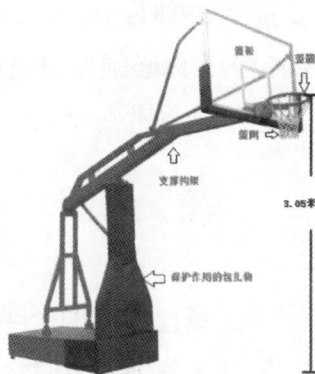

篮球架包括篮板、篮圈、篮网、支撑构架、保护作用的包扎物。

球篮有篮圈和篮网构成，球篮的高度距离地面3.05米。

参加篮球运动的注意事项

充分热身。篮球运动中，身体对抗比较激烈，因此，在开始之前要充分地进行热身。比如，慢跑、活动关节、活动手腕脚踝、韧带的伸拉等等，提高肌肉的适应性，使关节变得灵活易动。充分地热身有效地防止肌肉拉伤、韧带拉伤和腿部抽筋。

篮球装备。篮球是激烈的一项运动，特别是在夏天的户外，一场下来大汗淋漓，所以应该穿宽松、透气的运动服，同时准备一件更换的衣服，以免身上潮湿难受；其次是必要的装备保护，篮球运动很容易出现关节扭伤和韧带拉伤，因此，在参加篮球运动时要穿合适的高帮篮球鞋，还应该佩戴护踝、护膝等篮球护具；在篮球运动中，要把身上的饰品摘掉，比如手表、项链、眼镜等，对自己和他人都是一种保护。

运动适量。长时间的大量运动会造成身体机能下降和抵抗力下降，容易造成运动损伤，影响正常休息。一般来说，每次运动量控制在1小时左右为宜。

科学补水。由于打球会释放大量的汗液，导致人体缺乏电解质，在运动后饮用淡盐水是最好的，既能解渴，又能补充人体的电解质；在打完篮球后，不要大量饮水，会造成心脏负担过重，正确的做法是少量饮水，休息一段时间后再加大饮水量；在打完篮球后切忌饮用冷水、生水，最好饮用白开水或矿泉水，切忌饮用碳酸饮料，喝碳酸饮料容易造成身体的钙质流失，尤其是在刚运动之后。

放松休息。打球后应迅速擦汗换好衣服，不要立即躺下或坐下，应慢慢走动，做一些伸拉放松练习，等到身体恢复平静状态时再离开球场，回到家后，可以洗个温水澡。

篮球礼仪

作为一名篮球爱好者，懂得一些篮球相关的礼仪也是有必要的，无论是作为一名观众还是篮球运动参与者，篮球礼仪都能帮助我们更好的感受篮球运动的魅力。

作为观众，文明观赛，禁止粗俗的言行与举止，要做到既热烈而又不狂躁，既充满激情而又有分寸。

1.观众进出比赛场馆要有秩序，提前到达自己的观赛座位，这是对运动员、教练员和裁判员最起码的尊重；在入场时禁止将玻璃瓶、易拉罐等类似的物品带入赛场，只能带软包装饮料，比赛结束后要主动将周围的垃圾带走；在比赛期间，观众不要随意走动，最好在比赛间歇时间如厕或者买饮料。

2.观众的衣着要大方得体，不能太随便，进入体育馆后，禁止吸烟；

比赛期间不能随意使用闪光灯，尤其在队员执行罚球时。

3. 在比赛入场仪式上，当介绍双方比赛运动员时，观众要为每一位球员鼓掌；在升参赛国国旗、奏参赛国国歌时，观众应该起立行注目礼；如可能进行颁奖仪式，观众应等场内所有仪式全部结束后再离场。

4. 比赛中，要注意自己的加油助威方式，不要使用带有辱骂、侮辱对方球队或球员的语言，也不要使用带有挑衅性的肢体语言，要为双方的精彩表演鼓掌。

5. 和现场主持人的互动可以激起观众们的热情，激发球员的比赛激情，在互动过程中，可以跟随现场主持人为双方的运动员加油呐喊。

6. 作为一名观众要尊重场上裁判的判罚，禁止使用带有侮辱性的语言攻击裁判，不要利用嘘声或者噪音干扰裁判的判罚。

7. 作为一名优秀的观赛者要爱护赛场内公共设施。

作为篮球参与者又该注意什么呢？

1. 比赛开始和结束，要主动和裁判员以及对方的教练员、球员握手。

2. 在比赛过程中，尊重裁判的判罚，不能干扰裁判的判罚，更不能使用侮辱性语言去攻击裁判。

3. 在比赛过程中，要尊重队友，在队友失误时不能互相埋怨，互相推诿。

4. 在比赛过程中，要尊重对手，禁止使用粗野或猛烈的动作，同时更不能使用侮辱性语言和带有挑衅的肢体动作。

5. 要尊重每一位观众，每场比赛应全力以赴给观众带来精彩的瞬间。

篮球小游戏

篮球游戏可以使学生对篮球运动的学习产生浓厚的兴趣，培养和开拓学生的思维能力，增强学生身体素质，起到强身健体的作用。

1. 抛球喊号

【游戏方法】游戏人数 8 人–20 人，围成一个圆圈，并依次报数。游戏开始，一名游戏者站在圆心向上抛球并任意喊出数字，数字对应的游戏者迅速跑到圆心接球。

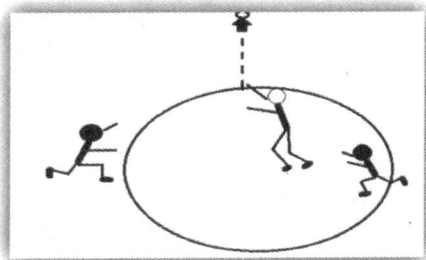

【规则】球要向正上方抛出，并有一定的高度，如喊到的游戏者没有接到球则被淘汰出局。

2. 运球贴人

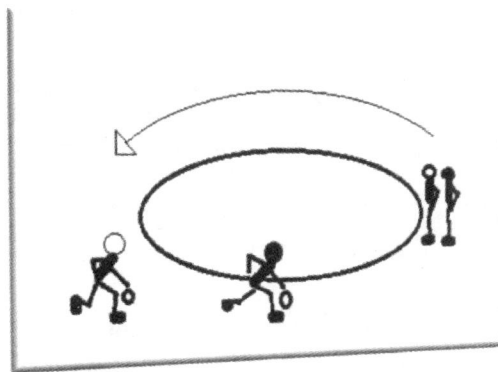

【游戏方法】游戏人数 10 人–30 人，两人一组前后站立并围成一个圆圈。选出两名游戏者，一名作为追击者，另一名作为躲闪者，边运球边进行追击或躲闪。躲闪者可以在被触碰前将球交给被贴的游戏者，被贴的游戏者继续运球躲闪。

【规则】贴人时要站在两个游戏者的前面，如躲闪者被追击者触碰则身份互换。

3. 运球踩影子

【游戏方法】游戏人数 10 人–15 人，游戏开始，游戏者在场地中边运球边互相踩人影，踩中得 1 分。

【规则】游戏者不得跑出场地，不得故意破坏别人运球，在规定时间内得分多者胜利。

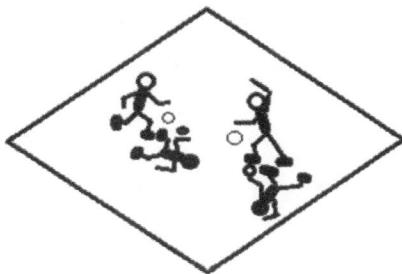

4. 蔬菜水果

【游戏方法】人数必须是 2 的倍数，游戏者平均分为两队，分别

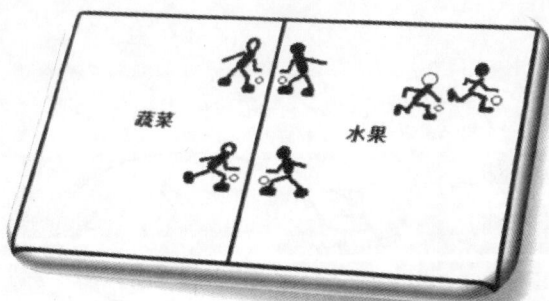

代表蔬菜队和水果队面对面站在中线两侧，进行原地运球。当听到一种水果的名字，水果队迅速转身向安全区运球，蔬菜队运球进行追击。听到蔬菜的名字，则水果队运球追击蔬菜队。 在安全区前触碰到对方得 1 分，没触碰到对方则对方得 1 分。

【规则】追击时不得推搡或用力拍打对方，跑到安全区后不得再进行拍打。

5.123 木头人

【游戏方法】游戏人数 10 人 –20 人，一名游戏者作为"123"背对其他人原地运球，其余的游戏者作为"木头人"行进间运球向 123 靠近，当 123 喊木头人时，123 迅速回头观察，所有的木头人只能原地运球。

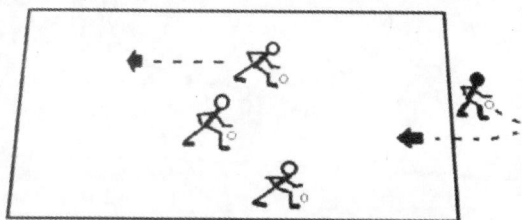

【规则】当 123 喊出木头人时，身体有晃动或球没在自己控制范围内的即为淘汰；如木头人都做得很好，游戏继续；当木头人触碰到 123 身体时，马上转身向安全区运球，123 迅速转身进行追击，追击到的木头人淘汰。

第三章 排 球

同学们，这三个花皮球你们都认识吗？没错，它们叫排球。它们虽然样子不同，和咱们体育课上见到的排球不太一样。但是，它们都是一个家族的。不管它们穿着什么样子的衣服，它都是排球。

排球与足球和篮球并称"三大球"。篮球不用多说了样式不多，很好区分。至于足球嘛，虽然现在有很多足球也是各式各样的，但是它与排球还是有很大区别的。首先，排球的个头要比足球稍小一点儿。当然，比篮球更要小一些。其次，排球的重量也比足球都要轻一些。这是由于制作工艺和制球材质造成的。足球一般都是皮革的，是缝制而成的。而排球一般则是 PU 材质，是粘贴而成的。有了这两个明显的特征，再区分排球应该不会很难了吧？

我手中的也是排球哦！千万不要因为它们外表不同，就不敢认了啊！

起源

排球，英文名字叫 volleyball。排球运动最初叫 Mintonette(小网子的意思)。在 1896 年，被一名叫霍尔斯特德的教授改名为 Volleyball(

空中连续击球的意思)。这一运动源自于美国。那是在 1895 年，美国的马萨珠塞州霍利约克市，有一位叫摩根的体育工作人员发明了排球运动。也可以说是排球的爸爸吧。

当时，网球、篮球在美国已经很是盛行。排球爸爸，也就是摩根先生却认为篮球运动太激烈，而且篮球运动是"高人"的世界，很多人虽然喜欢但是不能参与进来。而网球运动又因为场地和规则的限制，同样不适于很多人一起参与。于是，他想寻求一种运动量适中，又富于趣味性，男女老少都能参加的室内娱乐性项目。

开始，摩根先生只是简单地将当时已广为流行的网球搬到室内，在篮球场上用手来打。在试验阶段，他将网球网挂在篮球场的中央，用篮球隔网像打网球一样打来打去进行游戏。但是室内篮球场面积太小了，球容易出界，致使这个游戏没有连贯性，打起来很没意思。于是他做了一些改进：一是把网球允许球落地后再回击的规则改为不许落地；二是把网球的体积扩大；三，篮球太大、太重，不能按预想的方式进行游戏，便改试用篮球胆。经过试用效果比起篮球有了很大改变，于是就决定采用这种球。现在国际标准用球虽历经百年，进行了千百次的改进，但球的规格和第一代的球几乎差不多。这也许就是为什么排球要比篮球小一些的原因吧？

从此，排球就不再是一种简单的游戏了，作为一项正式的运动项目，就要有详细严谨的规则来做保障。第一个排球规则规定采用"轮转制"、"每局 15 分"，1918 年又作出了上场人数为 6 人的规定。从此，欧美开始流行 6 人排球。排球运动 1900 年第一次进入亚洲的印度。至于排球是于何时何地又由何人介绍到中国的，已无法考证了。但现有的历史资料证明，早在 1905 年在中国的南方广州、香港等地就已开展了排球活动。

　　排球运动在开展的初期上场人数不是 6 人而是 16 人。那是因为亚洲人多，又多在室外进行，考虑到为了能让多数人能参加排球运动。因此，在亚洲开展的都是 16 人制排球。即使是排球运动在 1913 年第一次登上亚洲正式大型比赛的舞台时，也就是第一届远东运动会上时，就是采用 16 人制。这样的规定一直延续到 1919 年第四届远东运动会上演变为 12 人制，再到 1927 年第八届远东运动会上演变为 9 人制。在 1950 年 7 月，在中华全国体育总会举办的全国体育工作者暑期学习会上，才首次介绍了 6 人制排球规则与比赛方法，1951 年正式采用 6 人制。从此，6 人制排球在全国逐步地开展起来。

我国排球的历史

（一）女排

　　1949 年新中国成立后，中央政府也极为重视体育运动的开展，提高全国人民的健康水平。为了能与国际比赛接轨，更好地与各国人民交往，决定采用 6 人制排球。1950 年 7 月在全国体育工作者暑期会议上，中华全国体育总会第一次介绍了国际排联制定的 6 人制排球竞赛规则和方法，1951 年正式成立了国家男女排球队。1954 年国际排联正式接纳我国为正式会员国。在 1981 年中国女排在东京的第 3 届世界杯女排比赛中，首次夺得世界冠军。

（二）男排

　　中国男排在此阶段积极吸取世界排球技战术精华，也开始在世界排坛崭露头角，汪嘉伟还曾获得了"网上飞人"的美誉。1981 年在世界杯比赛中获第 5 名，中国男排的世界排名从第 9 升至第 5，亚洲从第 3 升至第 1。达到了我国男排的鼎盛时期。

我了解的排球

（一）沙滩排球

除了上面我们介绍的排球运动还有一项正式得到世界认可的正规排球比赛，那就是沙滩排球。顾名思义就是在沙滩上进行排球比赛。这是一种两人制的排球运动。虽然比赛时上场人数较少，但是很受广大排球热爱者的喜欢。所以，在一些非正规比赛的场合，沙滩排球会让排球热爱者随意改变上场人数，那比赛场面……确切地说应该是游戏场面也是高潮迭起。

（二）排球社会化

为了更好地普及排球运动，为了让广大群众都能参与到排球运动中来。不管是世界排球组织还是我国都付出了极大的努力。因此，排球运动被演化成诸多形式。不管是比赛用球、比赛场地还是比赛规则都被不同程度的进行了修改，以适应不同人群的参与和练习。如我国就出现很多基层的排球比赛：

1. 业余排球

各地区的组织机构不同，多为 6 人制和 9 人制两种。

如今我国已经在全国范围内开展了业余排球赛。有全国性比赛，也有各地区自己组织的比赛。

2. 气排球 5 人制

气排球球质软，富有弹性，手感舒适，不易伤人。球体大，在空中飘游缓慢、容易控制。适合于老年人的眼、手、脚的节奏。球网低。男高 2 米，女高 1.8 米。打球时可减少跳跃，运动安全。场地比较小。全场长 12 米，宽 6 米，室内外均可开展活动。运动量不大，有利于健身强体。而且集体性极强。

3. 公园排球 4 人制

公园排球对年龄没有限制。用球球质较软，特点就是：轻、飘。规则简单，没有前后排之分。场地简单，它的大小只有羽毛球场那么大，并且没有三米线之分。易于掌握并且容易上手。

4. 水中排球和雪地排球

这两种排球比赛不多见，但是在我国个别地区已经开展起来了。更多的还是以游戏形式为主。

名人堂

"五连冠"

排球运动虽然在我国的传播过程中经历了很多次的改变，但是在我们国家领导的高度重视下，排球运动发展得非常的迅速。而且，在国际上也是很有威望的。

早在 1981 年中国女子排球队就以亚洲冠军的身份，参加了 11 月在日本举行的第三届世界杯排球赛。比赛采用单循环制，经过了 7 轮 28 场激烈的比赛，在 1981 年 11 月 16 日，中国女排以 7 战全胜的成绩首次夺得世界杯赛冠军。当时执教的袁伟民教练还获"最佳教练奖"，孙晋芳获"最佳运动员奖""最佳二传手奖""优秀运动员奖"，郎平获"优秀运动员奖"。这在当时的中国可是不得了的大事。上到国家领导人，下到普通的百姓都为之鼓舞。并且，对这支"能打胜仗"的队伍给予厚望。

中国女排是世界冠军了，很多外国人当时并不服气，认为这也许就是一个偶然。然而中国女排的姑娘们，用硬朗的作风给了一个强有力的回答。这支队伍紧接着在 1982 年，秘鲁世锦赛再度登顶。当时该队是先输掉一场，带着负分进入复赛，形势十分严峻。很多并不看好中国队的人，给了轻蔑的回应。获得"最佳教练奖"的主教练袁伟民果断起用年轻队员梁艳、郑美珠，替下周晓兰、陈招娣。以 3 比 0 轻取古巴，赢得了扭转战局的关键一役。队员们士气大增，此后女排姑娘又以 3 比 0 战胜前苏联队，杀入四强。并最终在与东道主秘鲁队的冠亚军决战中以 3 比 0 完胜，获得本届世界锦标赛的冠军。

连续两年夺得世界冠军的桂冠。中国女排让全中国人腰杆硬朗起来。中国人站稳世界舞台已不再是偶然。在袁伟民的带领下，中国女排又连续夺得 1984 年奥运会冠军，1985 年世界杯冠军和 1986 年世界锦标赛冠军。铸就了名震中外的"五连冠"的神话。

"铁榔头"郎平

郎平，汉族，1960 年 12 月 10 日出生，原中国排球队著名运动员。凭借强劲而精确的扣杀赢得"铁榔头"绰号。获得 1982 年世界女子排球锦标赛"MVP"。1996 年获得国际排联颁发的"世界最佳教练"。2002 年 10 月，入选排球名人堂，成为亚洲排球运动员中获此殊荣的第一人。

提到中国女排"五连冠"，有一个人就不得不提。那就是在女排第一次问鼎世界冠军的时候，就曾获得"优秀运动员奖"的郎平。如果说中国女排"五连冠"是排球史上的神话，那么郎平就是神话中的传奇人物。她凭借强劲而精确的扣杀而赢得"铁榔头"绰号。1984 年洛杉矶奥运会女排决赛，中国队对美国队巅峰对决中，年仅 21 岁，身高 1 米 84 的中国女排主攻手郎平用"铁拳"击溃了美国女排的防线，帮助中国女排登上了冠军的宝座。这位站在领奖台上的年轻姑娘，把世界的聚光灯聚焦到中国这个名字上。在这次比赛后还诞生了一个流行词——"铁榔头"。

"铁榔头"郎平不仅带领中国女排一举夺得"五连冠"，还两次在中国女排最困难的时期，主动接下了中国女排主教练这个当时被认为是世界上压力最大的职业。很多关心郎平的人都说，她是冒着"一世英名可能毁于一旦"的风险走马上任的。郎平成为中国女排主帅后，用很短的时间就带领中国队于 2014 年时隔 16 年重返世锦赛决赛的赛场上，最终夺得亚军。并在 2015 年排球世界杯的较量中，让中国女排重新站到领奖台的最高峰，中国国歌再次奏响在世界的舞台上。30 年来，从担任国家队主攻手时的"五连冠"到任教练率中国女排重返世界之巅，"铁榔头"似乎已经是奇迹的代名词。

孙晋芳

姓名：孙晋芳 二传

1955 年 4 月 6 日生于江苏苏州，中国著名女子排球运动员。1981 年中国女排获第三届世界杯赛冠军，1982 年再获第九届世界锦标赛冠军，她都是中国队队长、主力二传手。

孙晋芳 1955 年生于江苏苏州。身高 1.75 米。1971 年进入江苏排球队。1976 年被选入国家排球集训队，任中国女排队长。

比赛经验丰富，能传、吊、扣，是组织快攻多变战术的核心，战术意识强，曾多次参加国际比赛，为世界著名二传手。其所在队于 1977 年第二届世界杯赛中获第四名，1978 年第八届世界女排锦标赛获第六名，同年参加第八届亚洲运动会女排比赛获亚军，1979 年第二届亚洲排球锦标赛获冠军，1981 年在第三届世界杯赛中首次获冠军（她获"最佳运动员奖""优秀运动员奖"和"最佳二传手奖"），1982 年获第九届世界女排锦标赛冠军和第九届亚洲运动会女排比赛冠军。1980 年获运动健将称号。1981 年、1983 年获国家体委颁发的体育运动荣誉奖章。

1981 年、1982 年被评为全国十名最佳运动员之一。1983 年任江苏省体委副主任。1984 年被评为中华人民共和国成立三十五年来杰出运动员之一。在她的带领下，中国女排获得了"三连冠""五连冠"。

汪嘉伟

排球运动员、教练、运动健将，上海市人。1955 年 9 月 27 日出生，1973 年加入福建队。1976 年被选入国家队，国家男子排球队副队长，1997 年，担任中国男排主教练。

汪嘉伟祖籍上海，18 岁加盟了福建省队。参加训练仅两年，他就进入国家队成为当时中国男排的主力球员。

1977 年，汪嘉伟随中国男排，参加第二届世界杯男子排球赛，他在网前打出的前飞背飞等一系列快攻战术，震撼了世界排坛。赛后，他被誉为"世界排坛第一飞人"，和"世界最佳快攻手"，入选由世界杯组委会评出的六人世界最佳阵容——"世界明星队"，这也是亚洲球员在世界排坛获得的为数不多的殊荣。

王嘉伟所在的中国男子排球队曾获第二届亚洲男子排球锦标赛冠军，第三、四届世界杯男子排球赛第五名，第八届亚运会男子排球比赛第三名，第九届亚运会男子排球比赛亚军，第十届亚运会男子排球比赛冠军。个人曾获第二届亚洲男子排球锦标赛、第四届世界杯男子排球预选赛最佳运动员奖。

1997 年汪嘉伟执教中国男排。几个月后，在亚洲锦标赛上重新夺回了久违 15 年的冠军。1998 年 12 月，中国男排在亚运会上再次夺冠。他也成为作为运动员和教练员获得过亚运会冠军和亚锦赛冠军的中国男排第一人。

排球规则

排球基础知识

（一）排球比赛场地

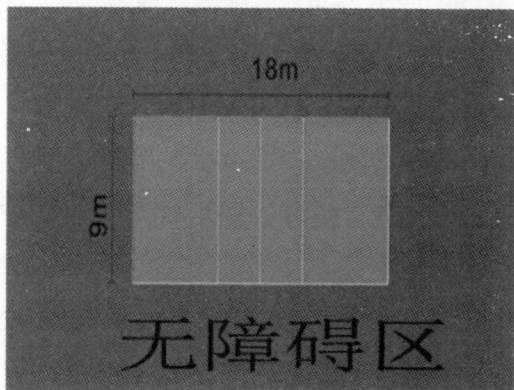

排球比赛场区是一个长 18 米，宽 9 米的长方形。场地必须平坦、水平、划一。世界性比赛场地地面只能为木质。场地由中线的中心线分为边长 9 米的两个相等的正方形场区。正式的比赛场地要求四周要有足够的空间，供运动员比赛使用，叫做无障碍区。比赛场地界线为白色，比赛场区和无障碍区分别为不同的颜色。

（二）比赛的器材与设备

排球器材规定有网柱、球网、标志带、标志杆和比赛球。

球网规定男子网高 2.43 米和女子网高 2.24 米。

（三）运队员的服装

队员的服装包括上衣、短裤和运动鞋。上衣、短裤和袜子必须统一、整洁和颜色一致。国际比赛中，全队队员鞋子的颜色必须一致。上衣的号码必须是 1–18 号，号码的颜色必须与上衣明显不同。身前号码至少为 10 厘米宽，身后号码至少为 15 厘米高，号码笔画宽度至少为 2 厘米。

（四）队员位置

排球队的正式队员由 12 人组成，场上 6 人，包括两名主攻、两名副攻、一名二传、一名接应二传（四二配备为两名二传）和自由防守人（自

由人后排替下场上的队员）

比赛中，每一次夺回发球权，队员要按顺时针方向轮转一个位置。处在1号位的队员为发球队员。

5号位	4号位	
6号位	3号位	
1号位	2号位	

如果本队连续得分，全体队员位置不变。一直由1号位队员发球，直到失分再夺回发球权后进行轮换。

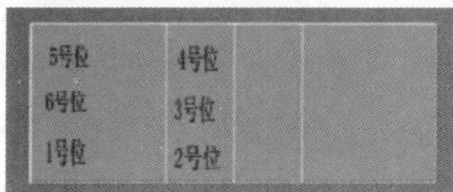

1. 主攻

排球主攻手顾名思义就是在排球比赛中扮演角色主要是防守反击中的进攻，一般站在4号位或换位到4号位。主攻手要求队员身材高大，弹跳力强，拥有强劲的扣杀力，擅长强攻，善于突破对方的防御，精于扣调整球和各种战术球。

2. 副主攻

指在进攻中站在3号位的队员。要求队员比较身材高大，具有较强的冲跳弹跳力和变向跑移能力。以快攻为主，并以快攻掩护队友组成各种快速多变进攻战术。防守时善于拦截和配合两侧队友拦网，以阻遏对方的各种快攻战术。

3. 二传和接应二传

二传：排球运动技术名词。指一传后的第二次击球，也是给扣球进攻者传的球。因这种技术动作基本上是第二次触球时运用，故名。起组织进攻和反攻的桥梁作用。当代排球快速多变，立体综合的进攻战术，无二传得准确传递和默契配合，就无法发挥任何有力的进攻。要求技术动作细腻精确。

接应二传：是排球场上最全面的位置，要有一定的攻击力，技术较全面，弥补主二传来不及移动传球时的漏洞：进攻，要像主攻手一样犀利；防守，要和副攻手一起组成网上长城；有时候，还要担当起穿针引线的二传职责。

4. 自由人

每队最多可以有两名自由球员（也叫自由人），但是比赛时只能有一名自由球员在场上。自由球员必须身着与其他同队球员明显不同颜色的球衣。自由人可以在球成为死球之后随时与后排球员替补，而且不用跟裁判打招呼，不算在正规替补次数内。自由人的特点是防守好反应快，他是不能发球、扣球、击球过网或参与前场进攻的。

我要打排球

（一）学好基本功

1.移动（步伐）

（1）并步与滑步：当来球距离身体一步左右时可采用并步移动。近球一侧的脚向来球方向跨出一步，另一侧脚迅速有力地蹬地，并迅速跟上做好接球的准备姿势。当来球与身体的距离较远，用并步无法接近来球时，可采用连续并步即滑步。

（2）交叉步：当来球在体侧3米左右时，可采用交叉步。如向左移动采用交叉步时，身体稍向右转，左脚从右脚前向右交叉迈出一大步，然后右脚再向右跨出一大步，同时身体转向来球方向，成接球前的准备姿势。

（3）跑步：当来球较远时采用跑步移动。跑步移动时两臂要配合摆动，不宜过早做击球准备，边跑步边看球。

（4）大跨步移动

2.垫球

手型：排球手型有抱拳式、叠掌式和互靠式三种。（手型图①）

抱拳式　　　叠掌式　　　互靠式

（手型图①）

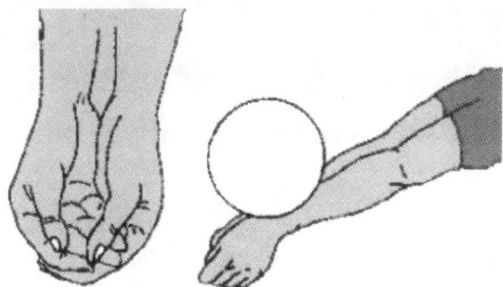

（手型图 ②）

现在技术常用的手型是叠掌式（手型图2），因为这种手型应用起来比较稳定。一些欧美国家的运动员喜欢用互靠式（手型图1第三种），这种手型应用起来相对来说比较灵活。而且控制范围比较大。抱拳式现在已经很少有人用了。

3. 传球

4. 发球

按照发出球的性能，发球可分为发飘球和发旋转球。发飘球主要有正面上手发球、勾手发飘球和跳发飘球；发旋转球主要有正面上手发球、勾手大力发球、跳发球、正面下手发球、侧面下手发球、侧旋球和高吊发球。

现在国际比赛中最多见的是跳发球。这样的球发出来速度快，不易防守。我们小学阶段一般接触的是正面下手发球。

（上手发球）

（下手发球）

5. 扣球

排球扣球是进攻的最有效方法，是得分和得到发球权的重要手段。一个队攻击力的强弱，往往取决于该队的扣球技术水平。现代排球中扣球威力体现在速度、力量、高度、变化和技巧诸方面。扣球由准备姿势、判断、助跑、起跳、空中击球和落地动作衔接而成。主要有正面扣球、勾手扣球、快球、调整扣球、单脚起跳扣球。

6.拦网

拦网是排球基本技术之一，是防守的第一道防线，也是反攻的重要环节。成功的拦网可以直接拦死或拦回对方的扣球，直接得分获得发球权。也可以使进攻方的来球减速、减力和变向，使本方由被动变为主动，削弱对方的进攻力量，减轻本方防守上的压力。比赛中常见有单人拦网和双人拦网。训练中会有多人拦网，根据需要甚至会有集体拦网。

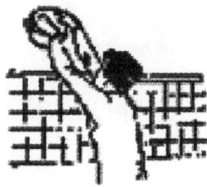

（拦网手型）　　　　　　　　（双人拦网）

观看礼仪和注意事项

排球是世界上最为流行的运动之一，深受人们喜爱，同学们在观看排球比时，需要具备哪些礼仪呢？

1.应提前入场，比赛期间不大声交谈，少走动。将手机关机或处于振动、静音状态。

2.开赛前，运动员集体入场举行仪式，向观众席行礼致意时，应用热情的掌声回应。单独介绍教练员、运动员及裁判员时同样要报以热烈的掌声。

3.比赛过程中如球飞到看台，不要直接将球扔回场内。应将球捡起交给捡球员。

4.比赛中，运动员发球时，任何声响干扰都不受限制。如果运动员发球失误，也可以鼓掌表示对另一方得分的祝贺，过分地鼓"倒掌"是不礼貌的行为。

5.比赛中，不使用不文明的、侮辱性的言行刺激运动员和裁判员。观看比赛时，禁止向场内抛掷物品、破坏公物、做不文明手势。照相不宜使用闪光灯。

6. 晴朗的天气适宜比赛，但观众在观看沙滩排球比赛前应适当抹上一些防晒霜以降低紫外线对皮肤的伤害。墨镜、饮料是观赛必不可少的，但为了不影响周围的观众，不提倡撑开遮阳伞。

排球小游戏

在学习打排球过程中，虽然很辛苦。但是我们可以利用一些排球小游戏来进行训练。既可以巩固排球技术，又可以缓解枯燥的反复练习。

1. 垫传游戏

【方法】队员分成 6 人 –8 人一组，围城一个圆形，面向圆心站立。其中一人将球向上抛出。距离球的落点最近的人用垫球或者传球的手法将球救起。大家随机连续完成，球不得落地。各组比一比哪个组可以连续救起球的次数多。

要求：救球队员启动前要大声喊出"我来！"注意相互配合。

目的：巩固垫球与传球的技术动作，培养队员相互配合的意识和对彼此间防守区域认识。

2. 垫球过网

【方法】分成比赛两队，按照比赛队形站好。按照排球比赛规则计分。在比赛过程中，所有队员除去发球，只允许用垫球的技术来完成比赛。

要求：各自防守自己的区域，注意相互配合及时补位。

目的：养成区域防守的意识，提高垫球能力。

3. 找准空位

【方法】分成比赛两队，按照比赛队形站好。按照排球比赛规则计分。发球后，任何人接到球后，要第一时间将球扔回对方场地。可以采取原地扔球、原地起跳扔球的动作进攻。

要求：随时观察对方场地的空当，进攻迅速。

目的：学会边打球边观察。进攻果断、有速度。

田径·运动简介

　　田径有体育运动之母的称谓，包括跳跃、投掷、竞走、跑和全能共五个部分。跳跃和投掷项目统称为田赛，竞走和跑的项目统称为径赛，而由跑、跳跃、投掷这三部分项目组成的项目称为全能运动，如男子十项全能和女子七项全能。田赛："田"指广阔的空地，以皮尺等丈量计算成绩后排定名次。田赛项目包括男、女跳高、跳远、三级跳远、撑竿跳高、铅球、铁饼、标枪和链球，共产生 16 块金牌。

　　田径运动场地的基本结构一个标准的田径场一般由外场、中场及内场三部分组成。

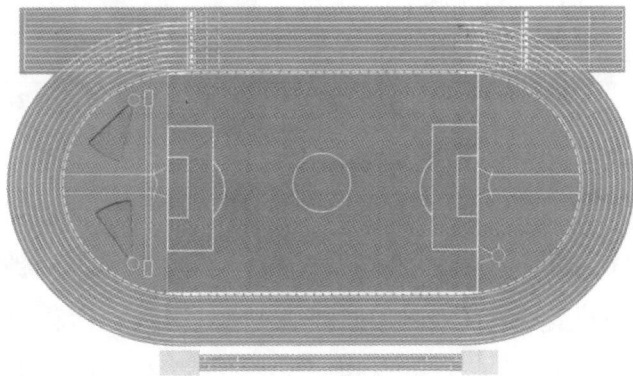

　　外场：径赛跑道外侧余地所占有的空间。一个大型田径运动场地在此部分要建筑看台或其他有关设施，它的大小是根据空地面积与设计要求来决定的。如一个仅供教学和训练的田径场外场仅占几米，而标准田径场四周要留有几十米的空间。

　　中场：径赛跑道所占有的空间。一个标准田径场一般要设 8-10 条分道，每条分道宽 1.22 米 -1.25 米。　内场：供田赛或球类比赛使用的部分。一个标准的田径场内场，可修建一个标准的足球场。　标准半圆式 400 米田径场的跑道是有两个 180° 的半圆（弯道）和两个直段组成。

田径重要赛事。奥运会田径赛（四年一届）；世界田径锦标赛（两年一届）；世界杯田径赛（四年一届）；世界青年田径锦标赛（18岁、19岁级别）； 世界少年田径锦标赛（17岁以下含17岁级别）；世界室内田径锦标赛（一般为两年一届）；国际田联黄金联赛（每年一届）；国际田径总决赛（每年一届）。

田径奥运

田径是奥运的重头戏,在历届的奥运会中它的金牌总数是最多的,在召开的第31届里约奥运会中，它的金牌总数达到了47枚，这可以看出它位置的重要。

射箭（4）	马术（6）	现代五项（2）	网球（5）	跆拳道（8）
田径（47）	高尔夫（2）	七人制橄榄球（2）	铁人三项（2）	羽毛球（5）
乒乓球（4）	足球（2）	篮球（2）	帆船（10）	排球（4）
拳击（13）	击剑（10）	射击（17）	曲棍球（2）	皮划艇（16）
体操（18）	游泳（44）	举重（15）	自行车（18）	手球（2）
赛艇（14）	柔道（14）	摔跤（18）		

2016年第31届奥运会田径项目具体设置为47个项目，其中男子24项，女子23项，具体项目如下：

男子：100米跑、200米跑、400米跑、800米跑、1500米跑、5000米跑、10000米跑、马拉松、3000米障碍跑、110米跨栏跑、400米跨栏跑、跳高、撑竿跳高、跳远、三级跳远、铅球、铁饼、链球、标枪、十项全能、20公里竞走、50公里竞走、4×100米接力跑、4×400米接力跑；

女子：100米跑、200米跑、400米跑、800米跑、1500米跑、5000米跑、10000米跑、马拉松、3000米障碍跑、100米跨栏跑、400米跨栏跑、跳高、撑竿跳高、跳远、三级跳远、铅球、铁饼、链球、标枪、七项全能、20公里竞走、4×100米接力跑、4×400米接力。

田径名人堂

"飞"出一片新世界

——走近刘翔

刘翔，1983 年 7 月 13 生于上海，身高 1.88 米，体重是 74 公斤。中国体育田径史上、也是亚洲田径史上第一个集奥运会冠军、室内室外世锦赛冠军、国际田联大奖赛总决赛冠军、世界纪录保持者多项荣誉于一身的运动员。2004 年，刘翔在雅典奥运会上以 12.91 秒的成绩追平了世界纪录，夺得冠军。2006 年，在瑞士洛桑田径超级大奖赛中，以 12 秒 88 打破了保持 13 年的世界纪录夺冠。2015 年 4 月 7 日，刘翔在微博正式宣布退役。

雅典夜色中，灯光骤然聚焦在一张黄皮肤的脸上——中国飞人刘翔，他站在了奥运会短距离径赛决赛的起跑线上，这是一个历史性的时刻，因为在 108 年的奥运会历史上，他是第一位站在这里的中国人。

刘翔一开始的田径训练并不顺利，家里的长辈都不同意他进入体校，唯有父亲刘学根是刘翔最有力的支持者。初一时的刘翔身高窜到了 1.70 米以上，在上海市的中学生比赛中 100 米拿了亚军，于是他进入了市体校，开始练跨栏，一年多就进入了全国少年前 3 名。半年后，上海队的跨栏教练孙海平看上了刘翔，孙海平提出要刘翔先参加一周的试训。一周训练，他发现刘翔动作僵硬，正在孙教练有点泄气了，准备放弃时，一个细节最终又让他改变了想法。孙海平说："第五天，我教了他一个动作，他的悟性很强。因为天赋有两种，一种是先天的，另一种是领悟以后获得的，因此一个练体育的孩子，领悟能力尤其重要。"

刘翔跟随孙教练之后，16 岁的他从一个体校学生变成了上海田径队一队的运动员。孙海平在训练中注重针对刘翔的特点，加强基础的专项训练。3 个月后，刘翔跑出了 14 秒 19 的好成绩，这个进步对上海田径队来说，简直是一个奇迹。孙教练说，也许亚洲人从生化指标上不适宜练短跑，人种的差异没办法，但有一点我们是具备的，那就是中国人灵敏的神经系统，说白了，就是脑子灵。刘翔在这一点上有很强的优势。孙海平从接手刘翔的第一天就决定为他全面打基础，把他的优势充分发挥，有了好底子，方法得当就一定没问题。在我国的运动员中，刘翔的训练肯定不是最苦的，但成绩上升却是最快的。经过孙海平教练调教和刘翔的刻苦训练，刘翔向世人证明了中国人是可以站到田径短跑的最高领奖台的。

铅球的"花花世界"
——走近黄志红

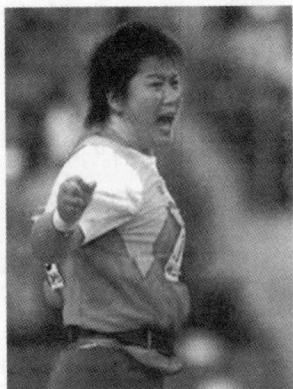

黄志红，1965 年 5 月 7 日生于浙江兰溪，身高 1.74 米的她体重 100 公斤，1978 年入浙江省业余体校，开始练标枪，最后改投铅球。她是中国田径历史上唯一在世界杯、世锦赛和奥运会上都获得奖牌的选手。1986 年、1987 年被评为"国家优秀田径选手"，1988 年 9 月，她在巴塞罗那第五届世界杯田径赛上，以 20.73 米的优异成绩力夺得冠军，成为第一个在世界三大田径赛中连获金牌的女子运动员这也是中国和亚洲选手在世界杯田径赛历史上夺得的第一枚金牌。

　　黄志红，少年时就参加田径训练。1979 年入浙江田径队，随后被国家队选入国家集训队训练，当时她还只是个不太出众的小胖姑娘。她曾经有机会把"三大赛奖牌得主"的称号升级为永载史册的"三冠王"伟业。遗憾的是在 1992 年的巴塞罗那奥运会上，她没能够把握住这个千载难逢的机会，以 60 厘米的差距使得她与"三冠王"擦肩而过。黄志红的奋力一投换来了 20 米 47 的成绩，她的竞争对手却惊人地掷出了 21 米 06 的好成绩。就是这 60 厘米的差距使得黄志红遗憾地与奥运金牌擦肩而过，留下了终身的遗憾。奥运惜败并没有让黄志红就此消沉，在 1993 年斯图加特第四届世界田径锦标赛和 1997 年伦敦的第七届世界杯田径赛中，她再度证明了在女子铅球的王者地位。除了在田径场上一次次创造辉煌，"黄氏微笑"也成了一道亮丽风景线，她的笑容甚至使得她显得越发高深莫测，给对手施加了更大的压力。即使失利，黄志红也很难让人看到她的沮丧，更加让人体会到她那种能够承受任何挫折、永远奋进的强者气概。

奔跑的"东方神鹿"
——走近王军霞

　　王军霞 1973 年 1 月 19 日出生于吉林省蛟河市，中国女子田径队队员，奥运冠军。1993 年在世界田径锦标赛上获得 10000 米金牌，同年在全运会上打破了女子 3000 米和 10000 米的世界纪录，两项纪录保持至今。1994 年 2 月 1 日，王军霞在美国纽约接受了第十四届杰西·欧文斯国际奖，这是中国也是亚洲运动员首次获此殊荣。1996 年亚特兰大奥运会上她获得女子 5000 米金牌，成为中

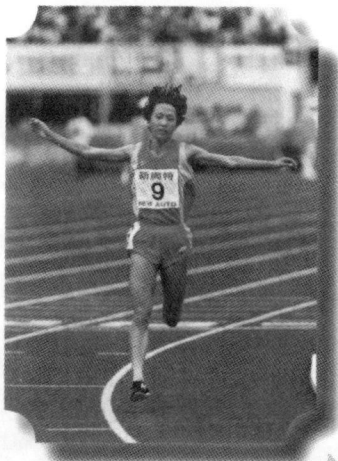

国首位获奥运会长跑金牌的运动员，被誉为"东方神鹿"。在 2012 年 11 月 24 日，国际田联名人堂百年庆典仪式上，王军霞入选国际田联名人堂，她是中国乃至亚洲首位入选的田径运动员。

出征奥运会之前，王军霞的身体状态并不好。中国代表团希望她放弃 5000 米，专攻 10000 米，但王军霞还是决心去拼一拼，就这样，王军霞走向赛场。在决赛中，王军霞遭遇到爱尔兰、肯尼亚等多国选手的"围追堵截"，不断受到他们的挤、撞、推等干扰，但她稳住情绪，灵活应对，到最后 800 米时杀出重围，第一个冲向终点。在闪光灯的追逐下，王军霞绕场奔跑，想寻找一面五星红旗，在奔跑、张望中，她突然发现跑道约 300 米处的看台上，一面红色的旗帜正在跃动！她冲着国旗奔跑过去，这时，手持国旗的中国青年也从看台上跑下来，在场边，把那面鲜艳的五星红旗交到王军霞手中。王军霞兴奋地舞动着手中的红旗，绕场飞奔，感受胜利的喜悦。

王军霞以常人难以想象的毅力坚持下来了，终于凭着不服输的精神站在了奥运会的赛场，并在赛场上升起了五星红旗，向世界证明长跑这个项目中国人也能行。2016 年里约奥运会女子 10000 米比赛中，埃塞俄比亚选手艾安娜打破中国王军霞保持已经尘封 23 年的世界纪录。

挑战人类的"极限"
——走近博尔特

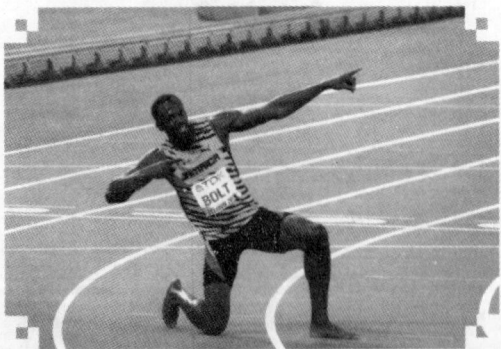

尤塞恩·博尔特，1986 年 8 月 21 日生于牙买加。身高 1.96 米，体重 88 公斤。早在 2002 年举行的世界青年田径锦标赛中，博尔特就在 200 米的比赛中跑出 20 秒 40 的成绩，这一成绩也令他得到了媒体赋予的"闪电侠"的称号。北京时间 2008 年纽约田径大奖赛中，博尔特以 9 秒 72 的成绩打破了百米世界纪录。2008 北京奥运会获得三枚金牌：4×100 米冠军，成绩 37.10 秒，打破世界纪录；200 米冠军，成绩 19.30 秒，打破世界纪录；100 米冠军，成绩 9.69 秒，打破世界纪录。2009 年，柏林世锦赛上，博尔特在男子 100 米比赛中以 9 秒 58 的成绩夺冠，并刷新了自己创造的世界纪录。在男子 200 米比赛中，博尔特以 19 秒 19 打破自己保持的世界纪录，他由此成为世锦赛双冠王，更是历史上唯一一位奥运会、世锦赛双冠王。2013 年，莫斯科世锦赛上，博尔特包揽了男子 100 米、200 米和 4x100 米接力 3 枚金牌，他的世锦赛的金牌总数达到 8 枚，追平美国名将卡尔·刘易斯和迈克尔·约翰逊共同保持的纪录，2015 年获北京田径世锦赛男子 100 米、200 米冠军。在 2016 年里约奥运会田径男子 100 米决赛中，8 月 14 日，里约奥运会田径项目迎来最令人关注的男子百米"飞人"大战，"闪电"博尔特以 9 秒 8 1 的成绩击败加特林夺冠，连续三届奥运会在田径赛场男子百米项目中称雄。

　　了解博尔特的人都只知道他创造了百米世界纪录，他让 9 秒 58 的纪录无人能超越。其实，回顾他的运动成长史你会发现，一个人的成功不是一朝一夕。博尔特从小也是一个顽皮的孩子，在他十几岁的时候，父亲生意越做越差，不但赚不到钱，还欠了一屁股债。当博尔特进入体校后，他对训练并不热爱，经常偷懒。12 岁生日，母亲积攒了几个月的钱让他拥有了人生的第一双跑鞋，最珍贵的是，母亲一针一针的为他绣了一颗红心，母亲说："孩子，这双跑鞋子在世界上是独一无二的，因为它里面包含了我对你的爱。"浪子回头金不换，重新回到跑道的他，用超出常人的训练来报答母亲的爱。2004 年，博尔特虽然获得了参加雅典奥运会的资格，参加 200 米预赛，最终仅名列小组赛第 5 名被淘汰。博尔特回到牙买加后，受到了媒体的猛烈批评，认为他失利的原因是没有全力以赴。2005 年赫尔辛基田径世锦赛同样失利，直到 2007 年赛季末，博尔特没有得到牙买加田协的认可，因为自 5 年前问鼎世青赛以来，他还从没有获得过一个响当当的冠军，人们对他的能力产生了怀疑。面对质疑，博尔特彻底清醒，为此，他改掉了坏习惯，每天和家人在一起放松心态，训练更加专注用心，最终在北京奥运会上一鸣惊人，成为当今世界体坛的头号传奇人物。

只拿金牌的"阿甘"
迈克尔·约翰逊

在奥运会历史上，只有一人曾在一届奥运会包揽男子200米和400米跑的两枚金牌，他就是享有"阿甘"美誉的美国选手迈克尔·约翰逊。

约翰逊1967年9月13日出生于美国达拉斯，他从小就显现出非凡的体育天赋。高中时代，约翰逊参加了1988年美国田径锦标赛，出人意料地包揽了男子200米和400米的两枚金牌，并得以入选美国国家队。

1992年巴塞罗那奥运会，约翰逊是200米和400米的夺冠热门，但他在奥运会前12天脚部受伤，因未能完全康复，他在200米半决赛中被淘汰出局。不过，他还是作为美国男子4×400米接力队的一员，获得了自己的首枚奥运金牌。

截止1996年亚特兰大奥运会，约翰逊连续7年在54场400米国际大赛中保持不败。带着如此辉煌的战绩，约翰逊来到了亚特兰大奥运赛场。在首先进行的400米比赛中，约翰逊以领先第二名10多米的绝对优势夺冠。3天后，约翰逊又参加了200米决赛。早在美国奥运选拔赛时，约翰逊就曾以19秒66打破沉睡了17年的世界纪录。在亚特兰大，约翰逊再次将这一纪录改写为 19 秒 32，并成为奥运史上首个在一届比赛包揽 200 米和 400 米冠军的选手。

1999 年，约翰逊在 400 米比赛中跑出了 43 秒 18 的好成绩，并打破了保持达 11 年之久的该项世界纪录。2000 年悉尼奥运会，约翰逊再次夺得 400 米比赛的金牌，并成为首位在该项比赛中卫冕的选手。随后，约翰逊又与队友齐心协力，夺得 4×400 接力比赛的冠军，同时将自己的奥运会金牌增加至 5 枚。

此外，约翰逊还参加了 1991 年、1993 年、1995 年、1997 年和 1999 年 5 届世界田径锦标赛，和他在奥运会比赛中只有金牌一样，约翰逊共在 5 届比赛中夺得 9 枚金牌，没有一枚银牌或铜牌。

田径运动基础知识

110 米栏

110 米栏是 110 米跨栏的简称，属田径中的径赛项目的一种，也是奥运会项目。现在是奥林匹克运动会的田径项目中，110 米跨栏为男性竞赛项目。这个项目是由 110 米的跑道和跑道上面的 10 个跨栏组成的，其中每个栏之间的距离是 10 米，运动员要分别跨过这 10 个栏并首先冲过终点才算获胜。110 米跨栏跑的栏高为 106.7 厘米，比赛时，运动员必须跨越 10 个栏架，除故意用手推或用脚踢倒栏架外，身体其他部位碰倒栏架不算犯规。男子 110 米栏第一栏距起跑线 13.72 米。第 2—10 栏栏间距离 10 码，约合 9.14 米，栏高 106.7 厘米（根据不同的比赛，栏高分为五等：76.2 厘米、84.0 厘米、91.4 厘米、100.0 厘米、106.7 厘米）。

在跨栏比赛时，各参赛者必须在自己的线道内完成比赛，而且当参赛者跨越栏架时，若其腿或足从低于栏架项的水平线跨越，或跨越并非自己赛道上的栏架，均应被取消资格。若裁判员认为参赛者故意以手或足撞倒任何栏架，亦应取消其参赛资格。

铅球

铅球起源于古代人类用石块猎取禽兽或防御攻击的活动。现代推铅球始于14世纪40年代欧洲，当时在军队炮兵闲暇期间推掷炮弹的游戏和比赛，后来逐渐形成体育运动项目。早期推铅球可以原地推，也可以助跑推；可以单手推，也可以双手推。最初采用原地推铅球技术，后逐渐发展到侧向推、上步侧向推。20世纪50年代，美国运动员奥布赖恩使用背向滑步推铅球技术，该技术被称为"铅球史上的一场革命"。70年代，苏联运动员巴雷什尼科夫发明旋转推铅球技术，由于旋转后难以控制身体平衡，至今只有极少数运动员使用。男、女铅球分别于1896年和1948年被列为奥运会比赛项目。

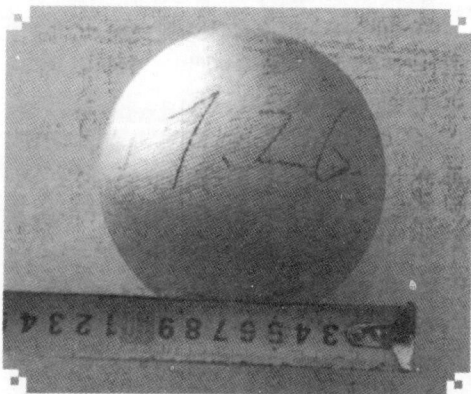

正式比赛男子铅球的重量为7.26公斤，直径11—13厘米；女子铅球的重量为4公斤，直径为9.5—11厘米。铅球比赛中运动都是在投掷圈中站立开始投掷。

在进行比赛时应抽签决定运动员试掷顺序，比赛开始，运动员不得持器械练习，不得使用投掷或落地区以内地面练习投掷。比赛结果应以每名运动员最好的一次投掷成绩，包括因第一名成绩相等而进行的决名次赛的试掷成绩，作为其最后的决定成绩。

短跑

跑是人类与生俱来的基本能力，自古以来就是一种比赛形式。短跑是公元前776年古希腊奥运会唯一的竞技项目，距离为192.27米。现代短跑起源于欧洲，最早被列入正式比赛是在1850年的牛津大学运动会上。奥运会比赛项目男、女均为100米跑、200米跑和400米跑，其中男子项目 1896 年列入奥运会，女子 100 米跑和 200 米跑 1928 年列入奥运会，400 米跑 1964 年列入奥运会。

在国际赛事中，所有 400 米或以下的径赛项目，必须采用蹲踞式起跑及使用起跑器。在"各就位"及"预备"口令之后，参赛运动员应马上完成有关动作，不能在合理时间内完成有关动作的运动员，则属起跑犯规。在枪声响起前有任何起跑动作，也属于起跑犯规。自 2010 年起，运动员只要抢跑一次，就会被立刻取消资格（男子十项全能及女子七项全能比赛不使用此规则）。

运动员预赛时由抽签决定道次，决赛时一般由预赛成绩决定。比赛时运动员不能串道否则成绩无效。选出 8 人参加决赛。

在田径比赛中，所有赛跑项目参赛者的名次取决于其身体躯干（不包括头、颈、臂、腿、手或足）抵达终点线后沿垂直面为止时的顺序，以先到达者名次列前。

长跑

长距离跑简称长跑，现代最早的正式长跑比赛是 1847 年 4 月 5 日在英国伦敦举行的职业比赛。奥运会比赛项目男、女均为 5000 米跑和 1000 米跑。男子项目 1912 年列入奥运会；女子 5000 米跑 1996 年列入奥运会，10000 米跑 1988 年列入奥运会。

在任何径赛项目中，径赛运动员挤撞或阻挡别人，应取消其该项比赛资格。若冲撞、突然切入或阻碍其他参赛者，也会被取消资格。参加比赛的运动员必须佩带号码，否则不得参加比赛。径赛项目运动员须沿跑道逆时针方向跑进。

判定名次和成绩的方法。径赛项目中，判定运动员到达终点的名次顺序，是以运动员躯干的任何部分到达终点线内沿的垂直面的先后为准。以决赛的成绩作为个人的最高成绩，而不是按照预、次、复赛的成绩判定最后名次。

田径游戏

短跑／跨栏往返接力跑

1. 游戏目的：调动孩子参与活动的积极性，发挥田径的健身功能，提升学生各项身体素质、增强学生体质。

2. 游戏准备：两根标志杆、四个泡沫栏架、两个塑料圈；活动前做热身活动，充分活动开身体各部位。

3. 场地布置：游戏开始之前，教师先在60米跑道布置游戏场地。以60米起点为起点，间隔两米摆放第一个标志杆（标志杆占第一、二道间的线），距离第一根标志杆9米摆放第一个栏架（泡沫栏架摆放在第二道中），以此间隔6米摆放第二、三、四个栏架，在距离最后一个栏架9米的地方摆放第二个标志杆，此标志杆距离终点2米。

4. 游戏规则：学生在进行此项游戏时采用小组计时比赛的形式，学生以五男五女为一组，以10人全部完成游戏总时间为本组成绩，用时少的获胜。

5. 注意事项：进行该项游戏，学生需要熟练掌握在快速跑中过低栏的技术，并且能够有效控制和调整在给定距离内的步幅大小。在游戏中要注意力集中，注意安全。

越过障碍掷准

1. 游戏目的：通过投掷项目类游戏发展学生的上肢力量，提高学生的协调性。

2. 游戏准备：沙包 4 个、跳高架 2 付、皮筋 1 根、呼啦圈 3 个；活动前做热身活动，充分活动开身体各部位。

3. 场地布置：游戏开始之前，教师先在足球场布置游戏场地。以足球场中线为起投线，距起投线五米摆放跳高架，用皮筋相连成障碍，距离跳高架三米摆放三个呼啦圈，每个呼啦圈内标注分值。

4. 游戏规则：学生在进行此项游戏时采用小组计数比赛的形式，学生自主组队，人数相同，男女生比例相同，以全组全部完成游戏总个数为本组成绩，分数最多的获胜。

5. 注意事项：进行该项游戏，学会很好的掌握平衡和控制投掷方向及投掷的稳定性，在游戏中选择安全投掷器材，过程中要注意力集中，注意安全。

速度阶梯

1. 游戏目的：通过游戏使学生能够按照规定的距离跑，保持跑动速度，提高落地的准确性。

2. 游戏准备：绳梯 4 个；活动前做热身活动，充分活动开身体各部位。

3. 场地布置：游戏开始之前，教师先在足球场布置游戏场地。以60 米起点为起点，2、4、6、8 道从起点摆放绳梯，绳梯间距不相同，出绳梯15 米摆标志杆折返，从 1、3、5、7 道平跑回来和下一人击掌完成。

4. 游戏规则：学生在进行此项游戏时采用小组计时比赛的形式，学生小组组队，人数相同，男女生比例相同，起跑后必须按阶梯间距跑，不能漏跑或隔跑，违反者扣 0.1 秒，全组完成时间累计犯规扣除时间最短的获胜。

5. 注意事项：进行该项游戏，必须在规定区域内完成，防止串道，注意安全。

趣味龟兔 8 分钟耐力跑

1. 游戏目的：通过游戏使学生建立正确的技术动作概，发展学生的一般耐力素质，会用耐久跑中途中跑的呼吸方法，提高学生的心肺功能。

2. 游戏准备：标志杆 12 根、接力棒 4 根；活动前做热身活动，充分活动开身体各部位。

3. 场地布置：游戏开始之前，教师先在足球场布置游戏场地。以操场 200 米起点为起点，1-4 道间距 50 米摆放 3 根标志杆，起终点不摆标志杆。

4. 游戏规则：学生在进行此项游戏时采用小组计数比赛的形式，学生小组组队，人数相同，男女生比例相同，起点距第一根标志杆快速跑，第一根距第二根标志杆途中跑，第二根距第三根标志杆放松跑，第三根距终点变速跑，8 分钟内以全组完成圈数为本组成绩圈数最多的获胜。

5. 注意事项：进行该项游戏，学会很好的掌握变速要求，根据自身情况进行变速，在游戏中注意场地安全，练习时间适中。

观赛礼仪

任何一项历史悠久的体育运动都承载着其特定的文化，田径也不例外。田径爱好者应将观看比赛当做是感受运动之美，感受生命魅力的行为。

田径是奥运会中最大的项目，在观看田径比赛时要注意以下几点：

1. 观看比赛提前入场，既尊重运动员，也不影响其他观众观看比赛。

2. 颁奖升国旗奏歌时，应肃静起立，不要谈笑或做其他事情。

3. 运动员出场时，观众应该给予鼓励和掌声。

4. 当运动员开始跳跃、投掷项目助跑时，观众可以根据运动员的助跑节奏鼓掌，注意不要在看台上随意走动。

5. 在高度项目比赛中，即使运动员水平再高，最终都要以自己所不能逾越的高度而告终。所以当运动员成功越过某一高度时，我们应该向运动员表示祝贺。但是，当运动员最终未能越过更高高度的横杆而结束比赛时，观众也应该向运动员报以热烈的掌声。

6. 在进行短距离径赛项目时，当运动员站在起跑线后，宣告员开始介绍运动员时，观众应报以热烈的掌声和欢呼声，以表示对运动员的喜爱和支持。当运动员俯身准备起跑时，赛场应保持绝对的安静，观众不要鼓掌呐喊，以免使场上运动员由于场外因素而分神。当发令枪响后，观众就可以完全释放出自己的活力和激情为自己的偶像呐喊助威了。

7. 在一些长距离项目中，如马拉松，当远远落后的运动员坚持到终点时，观众应该把最热烈的掌声送给这些运动员，为其精神鼓掌。

8. 比赛结束时，获胜运动员为答谢观众一般还会绕场一周，大家一定要用掌声和欢呼声为其精彩表现表示欣赏和鼓励。

9. 把赛场当做自己的家去爱护。赛场内禁止吸烟，手机要关机或设置在振动、静音状态。

第五章 体 操

　　体操运动是体育的一个重要组成部分，体操是运动之父，在我国有着悠久的历史，它的内容丰富，形式多样，易于普及，对青少年的成长发育、人的形体美及强健体魄具有重要的运动价值。体操运动在漫长的发展进程中，其动作内容不断丰富、分化，动作难度不断创新、提高，其健身、实用、审美及心理拓展的价值不断被开发、挖掘，显示出强大的生命力和丰富内涵。

　　教育实践表明：儿童经常参加体育锻炼能够改善运动系统的血液循环，有利于骨骼的生长发育；能促进全身血液循环的改善，提高新陈代谢能力；增强免疫力，发展儿童的身体素质；培养儿童的灵活性、协调性；能培养儿童良好的性格和意志品质。

什么是体操

　　体操是一种徒手、借助器械或工具来进行各种身体操练的非周期性体育项目。体操是对所有体操项目的总称，依据任务和目的，体操运动可分为基本体操和竞技体操两大类。

　　现代体操的正式名称是"竞技体操"，它是体操的一个分支，简称为体操。这是一项在规定的器械上，完成复杂、协调的动作，并根据动作的分值或动作的难度、编排与完成情况等给予评分的运动。

体操运动中既有动力性动作，又有静力性动作。基本体操是指动作和技术都比较简单的一类体操，其主要目的、任务是强身健体和培养良好的身体姿态，它所面对的主要对象是广大的人民群众，最常见的有广播体操和健身体操。而竞技性体操是指在赛场上以争取胜利、获得优异成绩、争夺奖牌为主要目的的一类体操。这类体操动作难度大、技术复杂，有一定的惊险性。

中国体操运动

我国体操的发展可分为：古代体操、近代体操和现代体操的发展。古代体操始于原始社会末期的尧舜时代，随后逐渐变成了医疗保健体操、娱乐式体操和为军事服务的兵式体操。

中国的近代体操主要是从国外传入我国的，传入的途径有教会系统和军事学堂。

1908 年在上海成立了第一所体操学校，教学内容主要是徒手体操和兵式操；

1948 年在上海举行的旧中国第七届全国运动会上，才出现了第一次全国性的体操比赛，项目也只有单、双杠和跳箱，参赛人少，技术水平很低。1949 年中华人民共和国成立后，在党和政府的关怀下，新中国的体操运动得到了广泛的发展。基本体操广泛开展，竞技体操迅速发展。

中国体操比赛的"第一"

于烈峰，在 1962 年第 15 届世界体操锦标赛为中国获得第一块奖牌，他是让中国国旗在世界体操大赛上升起的第一人。图片为于烈峰（右）获奖后与教练宋子玉（左）合影。

"报春花"马燕红，1979年12月在美国沃斯堡举行的第二十届世界体操锦标赛上，她不畏强手，勇于拼搏，以难、新、美的全套动作取得19.825分的优异成绩，登上了高低杠冠军的领奖台，成为中国在世界体操比赛中首次获得冠军的运动员，15岁的她从而成为中国体坛上最年轻的世界冠军，写下了中国竞技体操历史新篇章。并被誉名为中国体操走向世界高峰的"报春花"。

第一个男子世界冠军，他就是中国选手黄玉斌。1980年，22岁的他在世界杯体操赛上夺得吊环金牌，成为中国男子体操史上第一位世界冠军。退役后，任国家体操队总教练，期间多次带队获得世锦赛、奥运会冠军。

体操王子——李宁，1982年，李宁在第六届世界杯体操比赛上一人夺得全能和五个单项冠军，是中国及世界上唯一一个在一届世锦赛夺得6枚体操金牌的人，开创了竞技体操史上在一届比赛中个人夺金牌数最多的纪录。

国内竞技体操比赛

全国运动会竞技体操比赛

中华人民共和国全国运动会简称"全运会"，是我国国内水平最高、规模最大的综合性运动会。"全运会"每4年举办一次，一般在奥运会结束后一年举行。

全国竞技体操锦标赛

全国竞技体操锦标赛始于 1957 年，是全国性的重要竞技体操赛事。除了"自然灾害"和"文革"期间中断 9 次外，全国竞技体操锦标赛一般每年举行一次。

国外竞技体操的大型赛事

奥运会体操比赛

1896 年，国际体操联合会成立。在 1936 年和 1952 年奥运会上，分别确定了男子竞技体操比赛项目为 6 项、女子竞技体操比赛项目为 4 项，并一直沿用至今。

世界体操锦标赛

世界体操锦标赛是国际体操联合会组织的规模最大的世界性体操比赛，首届世界体操锦标赛于 1903 年进行，每两年举行一次。

国际大众健身体操赛

大众体操源于欧洲，属于非竞技体操。1949 年，在国际体操联合会的全体会议上，荷兰代表提出建议：希望国际体操联合会组织世界大众体操节的活动。

大众操活动通常以集体表演的方式进行，它是融体操、艺术体操、技巧、健美操、蹦床运动、杂技、舞蹈及各种文体活动形式于一体的综合性盛会，可以徒手练习，也可以持轻器械练习，还可以在器械上练习。1984 年，国际体操联合会正式设立了大众操技术委员会，对大众操活动的普及与推广起到了促进作用。

体操运动员背后的故事

故事一：机会总是留给有准备的人

少年时代的李宁，在柳州市上了小学，当李宁爬上一个窗口，从此发现了他的"新大陆"。那是学校里的小小体操队员们，正在老师的带领下练翻跟头。李宁一下子入了迷，回到家里，他就把被子铺到地上，开始了他的体操"自修"。

"机会总是给有准备的人"，这话一点也不假，李宁个子虽然小，但跟头却翻得特别好，广西壮族自治区体操队的教练梁文杰到小学里选"苗子"的时候一眼就相中他，只是因为他还太小，所以一年后才把他招到队里参加集训。三年后，李宁参加全国少年体操锦标赛，一不留神，竟获得了自由体操的第一名。梁文杰心里非常高兴，对李宁的训练也更为严厉了。严师出高徒。这一切的一切，李宁当时自然觉得苦，但却让他今后受益匪浅。1980年全国体操锦标赛上，李宁只获得了男子自由体操第二和吊环第三的成绩，全能分也排在第三，但却赢得了大名鼎鼎的国家体操队教练张健的青睐，张健最欣赏的，就是李宁被梁教练"磕"出来的扎扎实实的基本功，他找到梁教练，这个队员，国家队要了。

和很多成功人士的成长轨迹一样，李宁也经历过很多次失败。有一次练单杠，他在杠上旋转时发力过猛，双手抓不住，整个身体沿斜线飞了出去，而就在他从高空倒栽下来的一瞬间，教练张健跨步上去，伸臂一托，李宁没事了，但却听到教练的胳膊发出了"咔嚓"一声。后来他才知道，为了保护他，教练的手臂骨折了。又有一次，在练吊环时，李宁空翻不到位，同样大头朝下掉了下来，还是张健又一次伸出手臂，保护了他，这一次教练是肌腱断裂，开刀住院，两个月才回到训练场。

又是一年之后，李宁成为队里的主力队员，参加了在南斯拉夫举行的第六届世界体操锦标赛。也就是在这次比赛中，他把自由体操、单杠、跳马、吊环和鞍马的五枚个人金牌收入囊中，同时成为全能冠军，成为那届体操世界锦标赛上最明亮的一颗星。

果然，在自由体操的比赛中，李宁拿出了当时世界上少有的 720 度 "旋"，接着就是潇洒自如的托马斯全旋，最后空翻两周落地时像钉子一样纹丝不动。在场的四名裁判，不约而同全部给了他十分的满分。

鞍马，他和美国的维德马尔一样获得了所有选手中的最高分；吊环，他又和日本名将具志坚并列第一。接下来，李宁一发而不可收，从洛杉矶奥运会以后，李宁的名字响彻中华大地。

故事二：信心就是胜利

初练体操只是为了吃饱饭

李小双生于 1973 年 11 月 1 日，哥哥李大双（后来也成为国际体操冠军）只比他早出生 5 分钟。两兄弟还有一个姐姐李红霞。由于母亲邓群姣是农村户口却嫁进城里生儿育女，没有粮食配额，爷爷只能请亲家邓伯良帮抚养。年岁渐长，兄弟俩的 "功夫" 也在不断提高。大双和小双生性好动，没事就到街边、操场上去翻跟斗，一口气可以翻十几个。

丁教练问他俩是否愿意到体校学翻更高的跟斗？包吃包住。兄弟俩听说有这种好事，高兴得合不拢嘴，连连点头。小双训练十分刻苦，为了拉韧带，教练自己压在他细嫩的腿上，他却不掉泪，直至过关。每天在单杠上爬上爬下，手上磨起了茧子，长了一层厚厚的皮。周末我们回家时，把手伸给妈妈看，跟妈妈诉说憋在心里的委屈。妈妈捧着他们的手，看了很久，然后说："还不够，还要认真练，练了才有出息。" 妈妈其实是疼在心里。妈妈的严厉，让他们没有理由撒娇，反而使训练变得更加刻苦。后来连他俩的姐姐李红霞也被体

操队录用。

李小双不是李家的"收藏品"

训练了 3 年，太辛苦了，体操队的 20 多名队员不堪忍受，被家长以各种借口纷纷领回家，偌大的体操房，最后只剩下 4 名选手。连一向坚定的邓群姣也觉得两个儿子不能再这么苦下去了，找到丁教练，非要把大双和小双领回去。

丁教练早就为那么多有发展潜力的好苗子流失而痛心，这次看见邓群姣找上门来，更是气不打一处来，断然拒绝。丁教练怒不可遏道："小双兄弟是国家人才。不是你李家的收藏品，今天谁敢把他们带回家，我这把老骨头就跟谁拼命！"丁教练横起一条长凳，拦在体操房门口，他终于把小双兄弟留在了体操的殿堂里。

1984 年 8 月，大双和小双等主力队员组成湖北体操队，参加了在苏州举行的全国青少年体操比赛。湖北体操队获团体冠军，李小双获吊环冠军、全能第四名。1985 年，11 岁的李小双第一次入选中国体操队，成为男队历史上年龄最小的队员。1990 年北京第十一届亚运会上，李小双一举夺得团体和自由体操金牌，从此声名鹊起。1992 年在巴塞罗那第二十五届奥运会上，他获得自由操比赛冠军，成为中国体操男队的领军人物；1994 年和 1995 年两届世锦赛，他是团体冠军中国队的主力队员，并夺得 1995 年世锦赛个人全能冠军，成为第一位夺得体操世锦赛个人全能金牌的中国选手；1996 年他在亚特兰大第二十六届奥运会上再次夺取个人全能金牌；1997 年，李小双由于踝伤提前离开了赛场，但他的拼搏精神依然鼓舞着中国体操队的队员们。

故事三：只要有一点希望就不该轻易放弃

手练出茧子的小女孩

1979 年 3 月 12 日，刘璇出生在湖南长沙。小时候，她的身体素质不太好，为了让她长得更健康，爸爸妈妈就送她去少年宫健美班学习。那一年，刘璇刚好 5 岁。由于个子最矮，来到健美班后，刘璇排在队伍的最后，她学得非常用心，每一个动作都认真地去做。教练看了非常高兴，此后，教练开始对刘璇进行特别训练。8 岁那年，刘璇被选进湖南省体育局参加训练。她练得非常刻苦，甚至手上被磨出了血泡。可是，她一点儿也不怕苦，由于在练习高低杠时，还需要握杠，每当手上的茧变厚时，刘璇都不得不让爸爸将它用刀片削平。爸爸知道刘璇的手一定非常疼。可是，刘璇却忍着疼，什么也不说。有一次，奶奶拉着刘璇的手，心疼地冲刘璇的爸爸妈妈嚷："你们干什么让孩子受这种罪？让她别练了！"

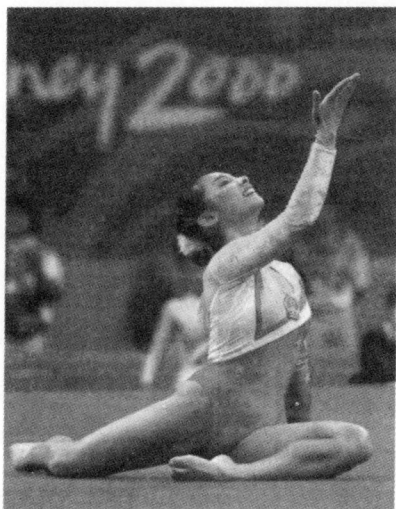

为了一次重要的比赛

刘璇没有辜负爸爸的期望。13 岁时，刘璇被选入国家集训队。经过更严格的训练，刘璇的成绩已经很突出了。可是，在准备参加在日本广岛举行的第 12 届亚运会比赛时，训练中的一次意外使刘璇膝盖的内侧韧带撕裂，刘璇急得都快哭了。接到父母的电话，刘璇首先提的不是韧带断了有多疼，而是说："我从亚运会名单上刷下来了，我很伤心！"听到女儿在哭，父母非常心痛，马上赶到北京探望，请医生为刘璇治疗。爸爸早就因为

刘璇练体操而学过一段时间的按摩。爸爸天天为刘璇按摩，与医生的治疗相配合；同时，刘璇按照教练的指导，经常做恢复运动。很快，刘璇的伤好了。刘璇笑了，因为她可以参加亚运会了。那一次，她与队友合作，获得了女子团体冠军，还获得了个人高低杠的第2名。

"必须首先战胜自我"

"要想战胜别人，必须首先战胜自我"，这句话是刘璇的座右铭。16年来，她都是这样做的，虽然偶尔也有过退却的念头，但最后总能坚强地挺住。

1996年，刘璇的训练强度开始加大。坚持了一段时间后，她感觉自己已经练到了极限，甚至有些支撑不住了。每天晚上，一躺进被窝，刘璇就偷偷地哭，对第二天的训练，感到无比恐惧。她翻来覆去地想，真的要放弃吗？不，越是这样，就越是不能退缩！第二天，刘璇振作精神又开始了新的训练。

1998年的世锦赛上，刘璇自信地说："没事，相信我！"果真赛场上的刘璇表现得很镇静，成功地完成了所有动作，取得了冠军。

最美的笑留给悉尼

2000年的悉尼奥运会上，刘璇的努力终于结出了硕果。在平衡木决赛中，刘璇最后一个出场，她精湛的表演为中国体操夺得了第一枚单项金牌，获得了女子平衡木的冠军！拿到这块无比珍贵的金牌时，刘璇深深地知道，她终于征服了每一位观众，战胜了自己，从一个不爱笑的孩子，成长为有着一脸灿烂笑容的世界冠军。

体操运动项目

竞技性体操

男子

自由体操： 场地长和宽均为12米。自由体操成套动作主要由技巧动作组成，他们与其他体操动作如：力量和平衡、柔软动作、道理及舞蹈等一起连接组合，从而构成了一个韵律和谐、节奏协调的整体。一套动作应该充分利用整个场地（12米×12米），并在的50秒～70秒中完成。要求有向前的技巧串、向后的技巧串，静止动作要求有一定的难度。男子自由体操在比赛过程中没有配乐。

鞍马： 高1.05米，环高12厘米。鞍马是在马的所有部位，用不同的支撑方式完成不同的全旋和摆越动作是鞍马项目上一套动作的基本特性。做全旋时，以并腿全旋为主。允许有通过手倒立加转体或不加转体的动作，不同的结构组的动作必须在充分的摆动中完成，不能停顿，该项目中不允许有力量动作。

吊环： 环高2.55米。一套吊环动作应由比例大致相等的摆动和力量静止动作组成，这些动作和连接是通过悬垂，经过或成支撑，经过或成手倒立来完成，以直臂完成动作为主。由

摆动到静止力量或由静止力量到摆动的过渡是当代体操的显著特点，做静止动作时，要求环静止，不能有大的摆动。

跳马：高 1.35 米。跳马是由助跑开始的，以双腿并拢起跳完成的跳跃腾空动作，跳马的助跑最长距离为 25 米，助跑允许中断，但不允许返回重新跑，跳马要求腾空有一定的高度和远度。

双杠：高 1.75 米。双杠是由众多结构组中选出的摆动和飞行动作组成，通过各种支撑和悬垂动作来过渡完成。在双杠项目上做上法时，要求必须从并腿站立姿势开始，不得有预先动作，一套动作中最多允许有三个停顿动作或静止动作，其他大于或等于 1 秒的停顿将不被允许。

单杠：高 2.55 米。单杠整套动作都是由摆动动作组成，以各种握法不间断地完成动作，它包括大回环、近杠动作、围绕身体纵轴的转体及飞行动作。允许有两次过杠下垂面的单臂摆动动作。单杠要求有一定难度的腾空动作等特殊要求。

女子

高低杠：它由一高一低两副杠组成，杠间距离可以调整。低杠高 130 ~ 160 厘米，高杠高 190 厘米 ~ 240 厘米。横杠是椭圆形的，具有良好的弹性和坚固性。规则中对成套动作的不同难度的

组合要求、低杠和高杠之间的转换次数以及腾空动作的难度、转体的
难度均有具体的要求。

平衡木：长 5 米、宽 0.1 米、
木高依需要可升可降，正式比赛高
度为 1.2 米。平衡木有完成时间的
限制，对于成套的动作难度和空中
技巧串均有严格规定。

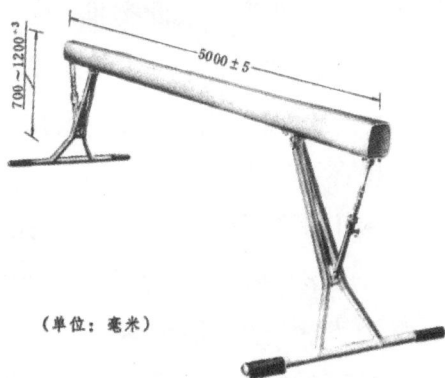

（单位：毫米）

自由体操：是男女共有的一个
项目，面积为 12×12 平方米，自由
体操场地具有良好的弹性和缓冲性能，便于运动员在上面完成各种高
难的体操跳步和技巧空翻动作。
自由体操是在无伴唱的音乐下完
成的空翻和技巧动作，要求运动
员在 70 秒~90 秒之内完成动作。

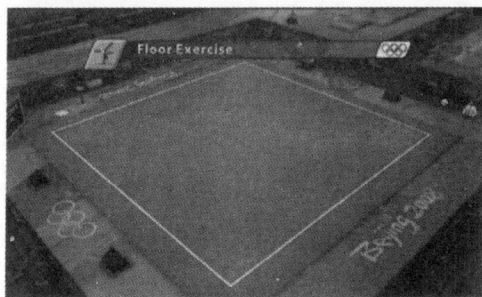

跳马：马身长 160 厘米~163
厘米，马身宽 35 厘米~36 厘米。
马高 125 厘米，放在跳马前方帮助起跳的器材叫
弓形助跳板，是用胶合板制成的，有一定的弹性。
跳马动作可以根据在空中的不同腾空类型分为几
个组别，在跳马之前教练员所举的号码代表了不
同的动作。

竞技体操规则

我们先来看一看竞技体操的基本规则

预赛中，团体实行 654 赛制，即每队 6 人，每项上场 5 人，最高
4 个成绩计入总分。团体总分前 8 名进入团体决赛；男子 6 项 / 女子
4 项总分前 24 名进入个人全能决赛；各单项得分前 8 名进入各单项决

赛。若有国家超过 3 名选手进入某项决赛，则取前 2 名，第 9 名（全能 25）进入决赛，依此类推。团队决赛，实行 633 赛制，每项上场 3 人，3 人分数都计入总分。单项决赛一般分 2 天比，男子自由操、鞍马、吊环、女子跳马、高低杠第一天比，男子跳马、双杠、单杠、女子平衡木、自由操在第二天比。

我们再来看一看竞技体操比赛开始前的规则

比赛没有正式开始前，运动员们在各个项目上做赛前练习，时间是每个人 30 秒。每个队有五个人，共 2 分 30 秒。比赛开始后，项目裁判长高举绿旗或打开绿灯，这是给准备比赛的运动员一个信号。如果信号发出后 30 秒钟，运动员还未上器械，就算弃权，判为 0 分。

竞技体操中，运动员上器械前的规则。

运动员上器械前，要面向裁判长举起右手示意，当运动员完成一套动作之后，也要向裁判长立正、示意，表示动作完毕。而后，D 组裁判组根据运动员完成的难度来确定一个难度分向全场显示。E 组裁判员则要求在 30 秒之内对这套动作的技术、姿态等方面进行扣分，并填写在记分单上，由电子计分系统或跑分员送至裁判长处。

基本体操

以增强体质、促进身体全面发展、培养人体基本活动能力及提高基本运动技能为目的的体操练习都属于基本体操的范畴。

基本体操包括：队列队形、徒手体操、轻器械体操的、器械体操的简易练习、专门器械体操、健身健美操和生活技能体操等。

基本体操的主要目的是强身健体和培养良好身体姿态，它所面对的主要对象是广大人民群众，是学校体操教学内容的重要组成部分，下面我们来看看学校中常见的基本体操都有哪些。

前滚翻

动作要领： 蹲撑，两手撑垫，同时曲臂、两腿蹬地，重心前移，低头、含胸。头的后部、肩、背、臀部依次着垫，当背着垫时，迅速屈小腿。上体与膝部靠紧，两手抱小腿，向前滚翻成蹲。

前滚翻成蹲撑

保护与帮助：保护者在练习者一侧，一手按住练习者的后脑勺，一手扶其大腿的后部。练习时，帮助者按下头部，使其后脑勺着垫，同时另一手前推大腿后部，帮助练习者完成前滚动作，在起身时，顺势推其背部，完成蹲立。

后滚翻

动作要领：由蹲撑开始，背对技巧垫，身体稍前，两手用力推垫，身体迅速后移低头、含胸，经臀、腰、背、颈、头依次触垫向后滚动。同时屈臂夹肘两手放在肩上，掌心向上，当滚到肩颈部时，两手用力推垫，使身体翻转过头并抬头成蹲撑。

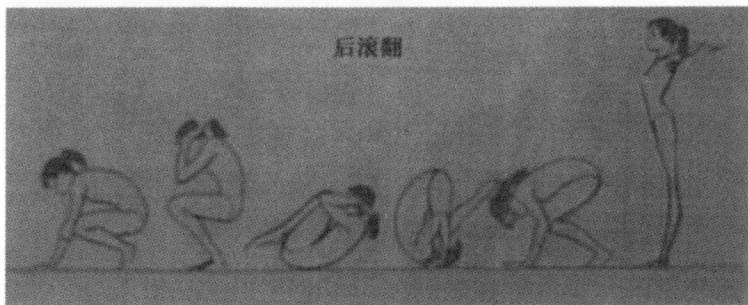

后滚翻

保护与帮助：保护者蹲于练习者侧后方，当练习者滚至肩颈时，一手托肩，一手托背部助滚翻。

跪跳起

动作要领：①从跪立开始，上体前倾，同时两臂后摆，臀部后坐。

②两臂迅速向前上摆，摆至前举时立即制动，同时伸腰展髋，脚背与小腿用力下压。③身体向上腾起时，迅速提膝收腿成半蹲姿势。

保护与帮助：保护帮助者站在练习者体侧，当其两臂摆至前举时，迅速托其腋下（或提其上臂）帮助腾起。

侧手翻

动作要领：①正向站立，由右腿站立，左腿前举，两臂上举，左腿落地屈膝，上体前倒，右腿快速后摆，左手撑地。②左脚用力蹬地，同时向左转体90°，右臂从头上向左摆并撑地，经分腿手倒立过程，向左翻转。③左、右手依次推地，当右脚落地时，左腿侧伸至分腿开立，右脚并左脚站立。

保护与帮助：保护帮助者站在练习者背后，两臂交叉（左手在上），两手扶其腰部帮助侧翻。

肩肘倒立

动作要领：①由坐撑开始，上体后倒，收腹举腿，翻臀。②当脚尖至头上方时，两臂在体侧下压，两腿上伸。③至倒立部位时，髋关节充分展开，屈肘，手撑腰背部。

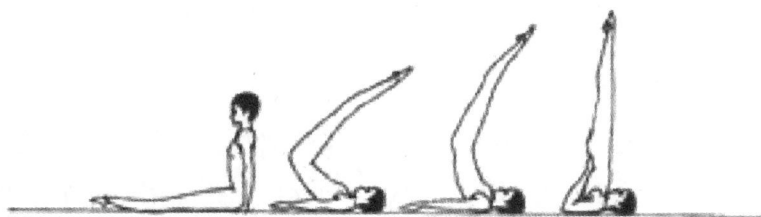

保护与帮助：保护帮助者站在练习者体侧，当其伸腿时，两手握其小腿上提。必要时，可用膝盖顶其腰背部，使其充分展髋。

跳上成跪撑，跪跳下

动作要领：助跑上板双脚跳起两手撑箱，提臀、收腹、屈膝，两腿并拢跪于箱面成两臂上举的跪立姿势。跪跳下时，两臂经前后摆，再向前上摆，带动上

体抬起，伸髋同时两小腿及脚面下压，使身体向前上方腾起，两臂摆至肩平立即制动，同时髋部前送迅速收腿，接着伸髋挺身，缓冲落地站稳成直立。

保护帮助：保护者站在跳箱的前面，两脚前后开立屈膝，正对保护对象，双手扶其上臂，防止前倾。

跳上成蹲撑，挺身跳下

动作要领：助跑上板双脚跳起两手撑箱，提臀、收腹、屈膝，两腿并拢蹲在跳箱上。挺身跳下时，两臂经后向前摆，

接着伸髋挺身，缓冲落地站稳成直立。

保护帮助：保护者站在跳箱的侧前面，两脚前后开立屈膝，练习

者上跳箱时，一手抓其大臂，一手扶其肩，防止前倾。

单杠跳上成正撑

动作要领： 杠前站立正握杠，两脚蹬地跳上成支撑，腹部贴杠，直臂顶肩、绷脚，两眼平视前方。

保护与帮助：

1. 帮助者站立在练习者背后，两手托练习者髋部，当练习者蹬地时，迅速助其跳起成支撑。

2. 保护者站在练习者的侧面，当练习者成支撑时，一手扶练习者肩，另一手托其腿，助其保持正确姿势。

单杠一足蹬地翻身上

动作要领： 两手正手握杠、上步蹬地摆腿的同时曲臂引体，腹部贴杠、翻臀，支撑。

保护与帮助： 站在杠前，待练习者举腿上翻时，一手托腰，一手托大腿，助其上翻贴杠。

三、观赛礼仪

1. 学习必要的竞赛知识，既要看运动员优美的动作，也要看其动作技术和风格。既要欣赏运动员精湛的技艺，也要感受他们的顽强作风和内在品质。既给本国选手加油，也给国外运动员鼓掌。做到热烈而不狂躁，有激情而不失分寸。运动员做动作时观众应全神贯注地观看，不要鼓掌呐喊，更不要喊运动员的名字。拍照不要使用闪光灯，因为闪烁的灯光会分散运动员的注意力，影响运动员对空间高度和时间方位的判断，甚至可能造成比赛失误或者受伤。

2. 运动员做动作前，观众此时应全神贯注地观看，不要鼓掌加油欢呼。在运动员即将出场时呐喊加油，在运动员动作结束时鼓掌。体操是由裁判员打分的项目，当你认为有裁判不公的现象时，不要起哄，不要冲动，要克制自己的情绪。

3. 欣赏艺术体操要关闭手机或设置在振动、静音状态，不要影响运动员动作与音乐的配合。

鼓掌 ✕
呐喊 ✕
闪光灯 ✕
拍照 ✕
随意 ✕
走动

体操类项目小游戏

　　体操游戏具有较强的身心锻炼价值和娱乐价值，对青少年和大众健身人群普及体操游戏，创编有意义的、适合大众参与的体操游戏，让大家喜爱并投入到体操游戏中去，将会有利于大众健身手段的多样化，促进大众健身人群的身心健康和社会的和谐发展。

不倒森林

　　游戏方法：将练习者分为人数相等的两队，给每队提出需要完成的任务以及完成任务的注意问题。给 5 分钟时间探讨完成任务的方法，可进行尝试。听到组织者的指令，各队队员右手持体操棍围成一个圆形，用掌心轻轻按在体操棍的一端，另一端触在地上，顺时针或逆时针走或跑动，在规定时间内，成功抓握体操棍并且不到地、本队队员不犯规的情况下，挑战成功。

东南西北

　　游戏方法：将练习者分为人数相等的两组，每组中选定四个摇绳，并持绳调整好距离之后面朝中心站立，东南西北四方各站一个，其余的练习者在外成一路纵队面朝东南方向的跳绳站立，做好比赛的准备。哨声开始后，开始摇绳，第一人开始沿顺时针或逆时针方向跳，一次一绳只能过一人，先完成一轮组获胜。

异样行走

游戏方法：两练习者分成每两个人一组，在起跑线上做好准备姿势,即背对背,双手肘相扣。待组织者发令后,每组练习者开始横向行走,先到达终点的组获胜。

我们一起长征

游戏方法：将游戏者分成人数相等的两组，每组队员手拉手组成一条小链站在起跑线后。当听到"开始"的口令后,两队手拉手在第一人带领下向前跑去, 走过体操凳, 钻过跳马, 绕过双杠等, 在集体返回。快而有组织的完成练习的队获胜。

面对面顶球跑

游戏方法：将练习者分为两组，每组练习者分为两组面对面站立,相距 8 米—10 米。两人一组, 身体侧对前进方向, 两名练习者相互用力用胸部顶住健身球,两手侧平举跑至终点,将健身球给下一组练习者。依此类推,最快完成组获胜。

第六章 乒乓球

乒乓球运动是手握球拍在中间隔一网的球台上轮流击球的一项球类运动。它具有球体小、速度快、变化多、设备简单、趣味性强、不受年龄性别限制的特点，深受人们的喜爱。经常参加练习，可以发展人的灵敏、协调等素质，提高动作速度，改善心血管系统机能，还能发展人的机智、沉着，勇于拼搏，敢于胜利等品质。

乒乓球的起源

乒乓球起源于英国，1890 年，几位驻守印度（India）的英国海军（navy）军官偶然发觉在一张不大的台子上玩网球颇为刺激。后来他们改用空心的小皮球代替弹性不大的实心球，并用木板代替了网拍，在桌子上进行这种新颖的"网球赛"，这就是 table tennis 得名的由来。

哦，乒乓球最早叫 Table tennis（桌球）。什么时候改称乒乓球的呢？

Table tennis 出现不久，便成了一种风靡一时的热门运动。20世纪初，美国开始成套地生产乒乓球的比赛用具。最初，table tennis 有其他名称，如 Indoor tennis。后来，一位美国制造商以乒乓球撞击时所发出的声音创造出 ping-pong 这个新词，作为他制造的"乒乓球"专利注册商标。Ping-pong 后来成了 table tennis 的另一个正式名称。当它传到中国后，人们又创造出"乒乓球"这个新的词语。

最初乒乓球是一种宫廷游戏，欧洲贵族间的一种娱乐活动，后来逐渐流传的民间。

乒乓球的发展

老师您能给我们讲讲早期乒乓球拍是什么样子吗?

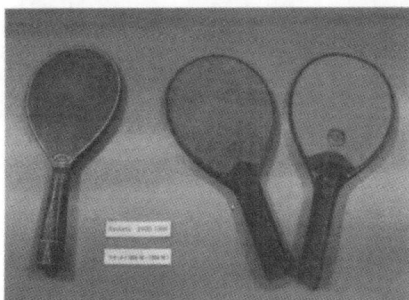

这就是早期使用过的乒乓球拍。

乒乓球运动的广泛开展,促使球拍和球有了很大改进。最初的球拍是块略经加工的木板,后来有人在球拍上贴一层羊皮。随着现代工业的发展,欧洲人把带有胶粒的橡皮贴在球拍上。在20世纪50年代初,日本人又发明了贴有厚海绵的球拍。最初的球是一种类似网球的橡胶球,1890年,英国运动员吉布从美国带回一些作为玩具的赛璐珞球,用于乒乓球运动。

20世纪初，乒乓球运动在欧洲和亚洲蓬勃开展起来。1926年，国际乒乓球联合会（ITTF, International Table Tennis Federation）正式成立，在德国柏林举行了国际乒乓球邀请赛，后被追认为第一届世界乒乓球锦标赛。

乒乓球运动的发展大约经历了三个阶段。初期，运动员使用的球拍虽形状各异，但都是木制的，击出的球的速度慢。力量小，谈不上什么旋转；打法也单调，只是把球推来推去。

1936年，第十届世界乒乓球锦标赛在匈牙利布格拉举行，大赛中出现了令人惊叹的局面。男子团体冠军争夺赛，在罗马尼亚和奥地利进行。比赛从星期天21时进行。熟料双方派出三名削球手，由于打法相同，双方水平又接近，且都用了蘑菇战术，不肯轻易挑板，企图从对手的失误中取胜。比赛进行到三时还是2：2。当地规定，公共场所必须在3时关闭，惹来了警察干涉，最终耗时31时奥地利才以5：4战胜。

1903年，英国人古德发明了胶皮球拍，有力地促进了乒乓球技术的发展。从1926年到1951年，世界各国选手大都使用表面有圆柱形颗粒的胶皮拍。击球时增加了弹性和摩擦力，可以使球产生一定的旋转，因而出现了削下旋球的防守型打法。这一打法在欧洲流行长久，不少运动员采用这种打法获得了世界冠军。这一时期乒乓球运动的优势在欧洲，其中匈牙利队成绩最突出，在117项次世界冠军中，他们获57项次，占欧洲队的一半。但这种球拍只能以制造下旋为主。人人皆此，磨来守去，即使夺得了冠军也毫无意义。

中国乒乓球发展

这就是当时的乒乓球拍，与现在的大不相同，拍型长圆，拍柄瘦长。更有趣的是板上钻有许多小孔。

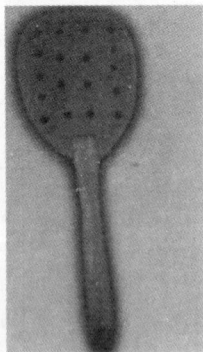

乒乓球什么时候传入我们国家的？

是 1904 年，在上海，四马路一家文具店的经理王道平常赴海外采购文具，他看到日本人正在进行一场乒乓球赛，觉得这个活动非常有趣，又不需要限大的场地。于是他就采购了一些乒乓器具回国，把它们陈列庄商店里。但是，当时中国人并不了解它们的用处，更不知道乒乓球的打法，因此销路不好。于是他开始亲自在店里打球做表演，这一下吸引了很多顾客前来观看，有的甚至也挥拍上阵一试身手。

中华人民共和国成立后，我国乒乓球运动得到了快速的发展。全国范围内开展了群众性的乒乓球体育运动，使乒乓球技术水平得到了很大提高，很多普通群众都成为乒乓球运动的爱好者，使乒乓球运动有了广泛的群众基础。1952 年 10 月在首都北京举行了有六大行政区 (中南、华北、东北、西南、西北、华东) 和铁路系统体协的 62 名男、女选手参加的"第一次全国乒乓球比赛大会"，揭开了新中国乒乓球运动发展史上新的一页。与此同时中华全国体育总会乒乓球部加入了国际乒联。1953 年我国参加了第 20 届世界乒乓球锦标赛。

名人堂

老师，我国第一个获得世界冠军的人是谁？

1959 年我国运动员容国团夺得世界
锦标赛的男子单打冠军。

　　容国团（1937 年 8 月 10 日 - 1968 年 6 月 20 日），中国男子乒乓球运动员，生于香港，原籍广东省中山县南屏乡 (今属广东省珠海市南屏镇)。他所研究出来的快速抽击，打破了当时主导欧洲和日本的花巧式打球方法。1959 年 4 月 5 日在联邦德国第二十五届世界乒乓球锦标赛上，容国团的"小球路"以 3∶1 战胜匈牙利名将悉多，为中国夺得了第一个乒乓球男子单打世界冠军，也是中华人民共和国第一个世界冠军获得者。1961 年，在第 26 届世界乒乓球锦标赛中，容国团为中国第一次获得世界乒乓球男子团体冠军作出了重要的贡献，1964 年，容国团担任中国乒乓球队女队的教练员，在他和其他教练员的指导下，中国女队夺得第 28 届世界乒乓球锦标赛的女子团体冠军。

女子第一个国际冠军是谁啊？

她是邱钟惠

　　丘钟惠是中国第一个女子世界冠军获得者。她是1935年出生。云南绥江人。在中学期间就积极参加乒乓球运动。1952年代表云南省第一次参加全国乒乓球比赛，获得了这次比赛颁发的候补国手的称号。1953年进入北京体育学院学习，不久被选为国家乒乓队队员。直拍快攻打法，发球变化多，左推右挡凶狠，拉攻技术较好，正手拉球稳健有力。第26届世界乒乓球锦标赛女子单打决赛是在匈牙利名将高基安与丘钟惠之间进行。比赛扣人心弦，丘钟惠沉着冷静，毫不手软，抓住战机，出其不意，攻其弱点，终于赢得了最后胜利，第一次捧回了吉·盖斯特杯。当丘钟惠夺得女子单打冠军的消息传出后，举国上下无不为之欢欣鼓舞。

哇，好棒啊！

你们知道中国乒乓球第一个大满贯得主是谁吗？

不知道，老师什么是大满贯？

真正意义的大满贯是指囊括了所有设立赛事的冠军并取得了所有荣誉，而且依国际惯例，大满贯似乎也仅指单打方面。乒乓球大满贯，就是指球员在世界杯，世锦赛，奥运会这三项赛事中，全部夺得过冠军，就称为获得大满贯。

哇！要在那么多比赛上夺得冠军，太厉害了。老师，快告诉我们是谁？

他就是刘国梁

刘国梁，1976年1月10日出生于河南新乡封丘县，奥运冠军，中国男子乒乓球队主教练，原中国乒乓球队著名运动员。6岁开始学打球，1989年入选国青队；1991年破格入选国家乒乓球队。中国第一位世乒赛、世界杯和奥运会男单"大满贯"得主，多次获得男子单打冠军并和孔令辉一起获得男子双打冠军，与邬娜一起获得过混合双打冠军，作为主力队员多次与队友一起获得男子团体冠军，得到过乒乓球运动员所能拿到的所有冠军。是首位在正式比赛中采取直拍横打技术并取得成功的乒乓球手。

喔，他可真了不起，是我们学习的榜样噢！

知道她是谁吗？

她是邓亚萍，也是乒乓球运动员。

1989 年，年仅 16 岁的邓亚萍首次参加世乒赛就夺得女双冠军。1992 年，巴塞罗那奥运会，夺得女子单、双打两枚金牌。1996 年，亚特兰大奥运会上，邓亚萍复制了四年前的奇迹，她成为中国奥运历史上第一个夺得四枚奥运金牌的人。邓亚萍在 14 年的运动生涯中，共拿到 18 个世界冠军，她在乒坛排名连续 8 年保持世界第一，是乒乓球史上排名"世界第一"时间最长的女运动员。

您给我们讲讲乒乓球比赛规则吧。

乒乓球比赛包括男女单打、男女双打和混合双打。下面就给你们讲讲比赛规则。

1.1 一分 除被判重发球的回合，下列情况运动员得一分：(1) 对方运动员未能合法发球；(2) 对方运动员未能合法还击；(3) 运动员在发球或还击后，对方运动员在击球前，球触及了除球网装置以外的任何东西；(4) 对方击球后，该球越过本方端线而没有触及本方台区；(5) 对方阻挡；(6) 对方连击；(7) 对方运动员或他穿戴的任何东西使球台移动；(8) 对方运动员或他穿戴的任何东西触及球网装置；(9) 对方运动员不执拍手触及比赛台面；(10) 双打时，对方运动员击球次序错误；(11) 执行轮换发球法时，接球运动员或其双打同伴，包括接发球一击，完成了 13 次合法还击。

1.2 一局比赛 在一局比赛中，先得 21 分的一方为胜方，20 平后，先多得 2 分的一方为胜方。

1.3 一场比赛 (1) 奥运会乒乓球比赛采用五局三胜制，但双打预选赛采用三局两胜制；(2) 一场比赛应连续进行，但在局与局之间，任何一名运动员都有权要求不超过两分钟的休息时间。

2. 发球

2.1 发球、接球和方位的选择 (1) 选择发球，接发球和这一方，那一方的权力应由抽签来决定，中签者可以选择先发球或先接发球，或选择先在某一方；　(2) 当一方运动员选择了先发球或先接发球，或选择先在某一方后，另一方运动员应有另一个选择的权力；　(3) 在获得每两分之后，接发球方即成为发球方，依此类推，直至该局比赛结束，或者直至双方比分都达到 10 分或实行轮换发球法，这时，发球和接发次序仍然不变，但每人只轮发一分球；　(4) 在双打的第一局比赛中，先发球方确定第一发球员，再由先接发球方确定第一接发球员。在以后的各局比赛中，第一发球员确定后，第一接发球员应是前一局发球给他的运动员；　(5) 在双打中，每次换发球时，前面的接发球员应成为发球员，前面的发球员的同伴应成为接发球员；　(6) 一局中首先发球的一方，在该场下一局应首先接发球。在双打决胜局中，当一方先得 10 分时，接发球方应交换接发球次序；(7) 一局中，在某一方位比赛的一方，在该场下一局应换到另一方位。在决胜局中，一方先得 10 分时，双方应交换方位。

　　2.2 合法发球 (1) 发球时，球应放在不执拍的手掌上，手掌张开和伸平。球应是静止的，在发球方的端线之后和比赛台面的水平面之上；

(2) 发球员须用手把球几乎垂直地向上抛起，不得使球旋转，并使球在离开不执拍手的手掌之后上升不少于 16 厘米；　(3) 当球从抛起的最高点下降时，发球员方可击球，使球首先触及本方台区，然后越过或绕过球网装置，再触及接发球员的台区。在双打中，球应先后触及发球

侧身直板正手发左侧上（下）旋球

侧身横板正手发左侧上（下）旋球

图 3－3－7　侧身正手发左侧上（下）旋球

员和接发球员的右半区； (4) 从抛球前球静止的最后一瞬间到击球时，球和球拍应在比赛台面的水平面之上； (5) 击球时，球应在发球方的端线之后，但不能超过发球员身体 (手臂、头或腿除外) 离端线最远的部分； (6) 运动员发球时，有责任让裁判员或副裁判员看清他是否按照合法发球的规定发球； (7) 如果裁判员怀疑发球员某个发球动作的正确性，并且他或者副裁判员都不能确信该发球动作不合法，一场比赛中此现象第一次出现时，裁判员可以警告发球员而不予判分； (8) 在同一场比赛中，如果运动员发球动作的正确性再次受到怀疑，不管是否出于同样的原因，不再警告而判失一分； (9) 无论是否第一次或任何时候，只要发球员明显没有按照合法发球的规定发球，他将被判失一分，无需

警告； (10) 运动员因身体伤病而不能严格遵守合法发球的某些规定时，可由裁判员做出决定免予执行，但须在赛前向裁判员说明。

3. 其他规则 (1) 球触网后落在对方台上，判好球； (2) 球擦在对方台边上，判好球；

4. 球拍 (1) 球拍的大小，形状和重量不限，但底板应平整、坚硬； (2) 底板厚度至少应有 85% 的天然木料，加强底板的黏合层可用诸如碳纤维，玻璃纤维或压缩纸等纤维材料，每层黏合层不超过底板总厚度

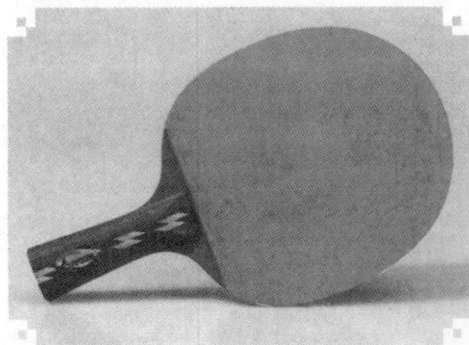

的 7.5% 或 0.35 毫米； (3) 用来击球的拍面应用一层颗粒向外的普通颗粒胶覆盖，连同黏合剂厚度不超过 2 毫米；或用颗粒向内或向外的海绵胶覆盖，连同黏合剂，厚度不超过 4 毫米； (4) "普通颗粒胶"是一层无泡沫的天然橡胶或合成橡

胶，其颗粒必须以每平方厘米不少于 10 颗，不多于 50 颗的平均密度分布整个表面； (5)"海绵胶"即在一层泡沫橡胶上覆盖一层普通颗粒胶，普遍颗粒胶的厚度不超过 2 毫米； (6) 覆盖物应覆盖整个拍面，但不得超过其边缘。靠近拍柄部分以及手指执握部分可不予以覆盖，也可用任何材料覆盖； (7) 底板、底板中的任何夹层、覆盖物以及黏合层均应为厚度均匀的一个整体； (8) 球拍两面不论是否有覆盖物，必须无光泽，且一面为鲜红色，另一面为黑色。拍身边缘上的包边应无光泽，不得呈白色； (9) 由于意外的损坏、磨损或褪色，造成拍面的整体性和颜色上的一致性出现轻微的差异。只要未明显改变拍面的性能，可以允许使用； (10) 比赛开始时及比赛过程中运动员需要更换球拍时，必须向对方和裁判员展示他将要使用的球拍，并允许他们检查。

乒乓球观赛礼仪

乒乓球运动是一项智能、技能、体能三者兼容，以智能为主，隔网对抗的运动项目。运动员挥拍打出的每一个球，都包含有速度、旋转、力量、弧线和落点五个竞技要素。在比赛过程中，运动员的心理和精神都处于一种高度集中的状态，尤其是接发球时，运动员需要仔细观察对手球拍撞击球时的运行情况，通过对手球拍撞击球的声音判断来球的旋转、速度、力量、落点、节奏情况，同时还要分析对手的心理状态、可能采取的战术等方面，并考虑自己的战术打法。运动员若要充分发挥自身竞技水平，除了依赖自身的能力以外，还需要一个好的赛场环境。而观众是为运动员营造良好比赛气氛的关键。观看乒乓球比赛应该注意以下几点：

1. 观众进出场地要有序，要提前到达场地，到场后需要按号入座，坐在自己的位置上等待运动员和裁判员入场。玻璃瓶、易拉罐饮料不允许带进赛场，只能带软包装饮料入场，垃圾要用方便袋自行带出。

2. 观看比赛时，从运动员准备发球开始到这个球成为死球这一段时间内，整个赛场要保持安静，不要鼓掌、踩地板、大声讲话、呐喊、随意走动、展示旗帜和标语助威等。

3. 闪光灯对运动员比赛的影响很大，因为乒乓球运动速度很快，球拍和球的碰撞是在瞬间完成的，闪光灯会影响运动员视觉，使运动员无法判断来球的质量，从而影响到回球的质量和命中率。

4. 呐喊助威时要含蓄一些，不要使用锣鼓和喇叭等其他比赛拉拉队常用器材，因为过大的声音、过激的语言会影响到运动员的心情和注意力。喝彩的时间： (1) 在选手出场和介绍选手时。(2) 赛场上精彩时刻的一刹那。 (3) 选手完成自己的表演后。(4) 在选手克服困难，努力坚持比赛时。

要对运动员的失误给予理解和鼓励，不要抱怨，说脏话；当对方运动员出现失误时，不要喝倒彩。

5. 尊重裁判的判罚，不得起哄扰乱赛场秩序。场馆内禁止吸烟，比赛时不要到处走动，手机关闭或调整到振动静音状态。

6. 比赛中，若要提前退场，在不打扰他人的情况下，悄悄离开。比赛结束时，向双方运动员鼓掌致意。退场时，按座位顺序，向最近的出口缓行并主动将饮料瓶、果皮果核、报纸等杂物带出场外。

乒乓球小游戏

原地颠球游戏：2人以上可以游戏

方法：人手一拍一球，听到发令后开始颠球，正手颠一次，换反手颠一次，球颠起离拍子至少30公分高度，谁颠的次数多获胜。

行进间颠球游戏：2人以上可以游戏

方法：两人持球站在起跑线后，听见发令向前走动或跑动，同时手里球拍开始向上颠球，高度不少于30公分，球掉下捡起后从掉下位置出发，最先到达终点获胜。

双人颠球游戏：2人可以进行游戏

方法：两人持拍相互站立，一人颠球到对方前上方，另一人用拍颠回，脚下随球而动。

第七章 羽毛球

羽毛球是一种全身运动，通过不停地奔跑和身体姿势的变化，努力地去把球击到对方的场地，每当击球者击出一个好球或赢得一分都能使自己兴奋并得到一种成功的喜悦，同时球的飞翔又有快慢、轻重、高低、远近、狠巧、飘转等变化，使这种运动本身充满了变数和丰富的乐趣。无论是进行有规则的羽毛球比赛还是作为一般性的健身活动，都要在场地上不停地进行脚步移动、跳跃、转体、挥拍，合理地运用各种击球技术和步法将球在场上往返对击，从而增大了上肢、下肢和腰部肌肉的力量，加快了锻炼者全身血液循环，增强了心血管系统和呼吸系统的功能。长期进行羽毛球锻炼，可使心跳强而有力，肺活量加大，耐久力提高。此外，羽毛球运动要求练习者在短时间对瞬息万变的球路作出判断，果断地进行反击，因此，它能提高人体神经系统的灵敏性和协调性。

起源

羽毛球起源于日本，出现在印度，诞生在英国。相传羽毛球最早出现于14-15世纪时的日本，球拍是木制的，球用樱桃核插上羽毛制成。这种球由于球托是樱桃核，太重，球飞行速度太快，使得球的羽毛极易损坏，加之球的造价太高，所以使该项运动时兴了一阵子就慢慢消失了。

大约至18世纪时，印度的普那出现了一种与早年日本的羽毛球极相似的游戏，球用直径约6厘米的圆形硬纸板，中间插羽毛

约至18世纪时，印度的普那出现了一种与早年日本的羽毛球相似的游戏

球制成（类似我国的毽子），板是木质的，玩法是两人相对站着，手执木板来回击球。

现代羽毛球运动诞生于英国，据说1860年在英格兰格拉斯哥郡的倍明顿庄园举行的宴会上，由于下雨客人们只能待在室内，有几个从印度回来的退役军官就向大家介绍了一种隔网用拍子来回击打球的游戏，人们对此产生了很大的兴趣。后来人们就以倍明顿（Badminton）作为此项运动的名称。那时的活动场地是葫芦形，两头宽中间窄，窄处挂网，直至1901年才改作长方形。

羽毛球的发展

这就是最早时期用的羽毛球拍，这项运动最早是英国贵族的娱乐活动。后来逐渐发展起来。

羽毛球是在英国发展起来的吗？

1875 年，世界上第一部羽毛球比赛规则出现于印度的普那。三年后，英国又指定了更趋近完善和统一的规则，当时规则的不少内容至今仍无太大的改变。

1893 年，世界上最早的羽毛球协会 ——— 英国羽毛球协会成立，并于 1899 年举办了全英羽毛球锦标赛。

到了 1934 年，由加拿大、丹麦、英国、法国、爱尔兰、荷兰、新西兰、苏格兰和威尔士等国发起了国际羽毛球联合会，总部设在伦敦。从此，羽毛球国际比赛日渐增多。1934 年 –1947 年，丹麦、美国、英国、加拿大等欧美选手称雄于国际羽坛。当年，国际羽联第一任主席汤姆斯爵士捐资制作了一座奖杯，该奖杯作为世界羽毛球男子团体赛的流动奖杯颁发，所以世界羽毛球男子团体赛又称汤姆斯杯赛（Thomas Cup）。

哦，原来我们常听到的汤姆斯杯是由第一任主席的名字命名的啊！

1956 年，由世界著名羽毛球运动员尤伯夫人捐赠的奖杯，作为世界羽毛球女子团体赛的流动奖杯。1956 年举行第 1 届尤伯杯赛（Uber Cup），每场比赛由 3 场单打、4 场双打，共 7 场比赛组成。1984 年改为与汤姆斯杯同时同地举行，采用同样的 5 场制比赛方法。1977 年，在瑞典的马尔摩举行了首届世界羽毛球锦标赛（World Badminton

Championships），设 5 个单项比赛，原为每逢奇数年举行，现改为每年举行一届。

1989 年，在印尼举行第 1 届苏迪曼杯比赛（Sudirman Cup）。印度尼西亚向国际羽联捐赠了以印度尼西亚人苏迪曼名字命名的奖杯，作为世界羽毛球男女混合团体赛的流动奖杯。苏迪曼杯赛由男、女单打，男、女双打和混合双打 5 场比赛组成。

> 这些人为羽毛球的发展贡献了自己的力量。

是啊，正是因为他们的努力，羽毛球运动才得到了发展。国际羽毛球联合会于 2006 年正式更名为羽毛球世界联合会，简称世界羽联。

中国羽毛球发展

羽毛球运动于 1920 年传入中国。新中国成立后，羽毛球项目很快成为我国体育运动的重点项目之一。1953 年，在天津举办了第一次全国羽毛球赛。

上世纪 70 年代，国际羽毛球坛是印度尼西亚与我国平分秋色。上世纪 80 年代，优势已转向我国，1981 年 5 月国际羽毛球联合会重新恢复了中国在国际羽联的合法席位，从此揭开了国际羽坛历史上新的一页，进入了中国羽毛球选手称雄世界的辉煌时代。

羽毛球在 1992 年巴塞罗那奥运会上被列为正式比赛项目，共设男、女单打和男女双打及混合打共 5 项比赛。

名人堂

我国第一个获得世界冠军的人是谁?

是庚耀东。他1978年在第一届世界羽毛球锦标赛上获得男子单打冠军,并与侯加昌合作获男双冠军,成为我国第一个羽毛球男单世界冠军。

女子第一个国际冠军是谁啊?

她就是龚智超,原中国女子羽毛球队主力队员,8岁开始接受系统训练。1996年7月进入国家一队。1993年亚洲羽毛球锦标赛,女单冠军;1997年瑞典公开赛,女单冠军;1998年日本公开赛,女单冠军;1997年全英公开赛,女单冠军;1997年苏迪曼杯混合团体赛,冠军中国队主力队员;1998年尤伯杯赛,冠军中国队主力队员; 2000年悉尼奥运会女单冠军;2001年全运会团体女单冠军。

大满贯指运动员在含有羽毛球项目的各项赛事中均获得冠军。对中国选手或亚洲选手而言——男子 获得"奥运会、世锦赛、全英赛、亚锦赛、全运会、世界杯、亚运会、苏迪曼杯团体赛、汤姆斯杯"冠军；女子获得"奥运会、世锦赛、全英赛、亚锦赛、全运会、世界杯、亚运会、苏迪曼杯团体赛、尤伯杯"冠军。

林丹——被人们誉为超级丹，1983 年 10 月 14 日生于福建省龙岩市上杭县临江镇。中国羽毛球男子单打运动员。羽毛球运动历史上第一位集奥运冠军、世锦赛冠军、世界杯冠军、亚运会冠军、亚锦赛冠军、全英赛冠军以及多座世界羽联超级系列赛冠军于一身的大满贯球员。

1988 年，林丹开始接触羽毛球。2002 年 8 月，登上国际羽联排名第一的位置。2005 年，苏迪曼杯决赛中，第二场出场的林丹战胜了当时已是奥运冠军的陶菲克，赛后他行军礼致意也成为其标志性的动作之一。2008 年，林丹获得北京奥运会羽毛球男子单打冠军。林丹由此成为羽毛球历史上首位赢得全英赛、世锦赛、世界杯和奥运金牌的球员。2010 年 11 月，夺得广州亚运会男单冠军并成为第一位获得亚运会最有价值运动员的中国选手。2012 年，获得伦敦奥运会羽毛球男子单打金牌，卫冕成功。林丹成为首位在奥运会羽毛球男子单打项目中实现卫冕的运动员。2014 年 9 月 29 日，获得仁川亚运会男子单打获得冠军。

喔，他可真了不起，是我们学习的榜样噢！

你们知道她是谁吗？

不知道

她叫王仪涵，是中国羽毛球运动员。也是一位世界冠军得主。

　　9岁时开始练习羽毛球，师从世界冠军王鹏仁。2002年入选上海队，2004年入选国家二队，2006年进入国家一队。2009年3月在全英羽毛球超级赛中首度赢得女单桂冠。2011年获得世界羽毛球锦标赛女单冠军。2011年获得世界羽联超级系列赛总决赛女单冠军。2012年获得全英羽毛球公开赛女单亚军。2012年伦敦奥运会获得羽毛球女单亚军。2013年世界羽联超级系列赛之香港羽毛球公开赛夺取女单冠军。2014年仁川亚运会羽毛球女单冠军。

真厉害！我们国家羽毛球运动员人才辈出。

老师，2016 年里约奥运会羽毛球冠军是谁？是林丹吗？

不是，羽毛球人才辈出，
谌龙是 2016 年里约奥运会男单冠军。

　　谌龙，1989 年 1 月 18 日出生于湖北荆州，中国羽毛球队主力队员。2000 年进入厦门队，2006 年 6 月 9 日进入国家二队。2007 年世界青年锦标赛，获得男单冠军。他以优异的表现被看做林丹的接班人。2011 年 10 月 23 日，在世界羽联超级系列赛丹麦公开赛男单决赛中，发挥出色以 2 比 0 战胜李宗伟，连续两站决赛击败马来西亚人问鼎男单冠军，这也是他连续第三站夺取超级赛冠军。2012 年伦敦奥运会男单季军，同年获得世界羽联超级系列赛总决赛男单冠军。2013 年苏迪曼杯团体世界冠军主力成员 。2014 年 9 月 1 日，在哥本哈根世锦赛决赛上以稳定的发挥与较好的心理素质，击败头号种子李宗伟，获得职业生涯第一个单项世界冠军。2015 年 8 月 16 日，在雅加达世锦赛男单决赛中战胜李宗伟，成功卫冕。2016 年 8 月在里约奥运会男单决赛中再次战胜李宗伟，成功卫冕。

羽毛球规则介绍

羽毛球比赛包括男女单打、男女双打和混合双打。下面就给你们讲讲比赛规则。

1. 羽毛球单打比赛规则

1.1 发球员的分数为 0 或双数时，双方运动员均应在各自的右发球区发球或接发球。 1.2 发球员的分数为单数时，双方运动员均应在各自的左发球区发球或接发球。

1.3 如"再赛"，发球员应以该局的总得分，按规则 1.1 和 1.2 的规定站位。

1.4 球发出后，由发球员和接发球员交替对击直至"违例"或"死球"。

1.5.1 接发球员违例或因球触及接发球员场区内的地面而成死球，发球员就得一分。随后，发球员再从另一发球区发球。

1.5.2 发球员违例或因球触及发球员场区内的地面而成死球，发球员即失去发球权。随后，接发球员成了发球员，双方均不得分。

2. 羽毛球双打比赛规则

2.1 一局比赛开始和每次获得发球权的一方，都应从右发球区发球。

2.2 只有接发球员才能接发球；如果他的同伴去接球或被球触及，发球方得一分。

2.3.1 自发球被回击后，由发球方的任何一人击球，然后由接发球方的任何一人击球，如此往返直至死球。

2.3.2 自发球被回击后，运动员可以从网的各自一方任何位置击球。

2.4.1 接发球方违例或因球触及接发球方场区内的地面而成死球，发球方得一分，原发球员继续发球。

2.4.2 发球方违例或应球触及发球方场区内的地面而成死球，原发球员即失去发球权，双方均不得分。

2.5.1 每局开始首先发球的运动员，在该局本方得分为 0 或双数时，都必须在右发球区发球或接发球；得分为单数时，则应在左发球区发球或接发球。

2.5.2 每局开始首先接发球的运动员，在该局本方得分为 0 或双数时，都必须在右发球区接发球或发球；得分为单数时，则应在左发球区接发球或发球。

2.5.3 上述两条相反形式的站位使用于他们的同伴。

2.5.4 如有再赛，则以该局本方总得分，按规则 2.5.1 至 2.5.3 的规定站位。

2.6 发球必须从两个发球区交替发出。

2.7 任何一局的首先发球员失去发球权后，由该局首先接发球员发球，然后由首先接发球员的同伴发球，接着由他们的对手之一发球，再由另一对手发球，如此传递发球权。

2.8 运动员不得有发球顺序错误和接发球顺序错误，或在同一局比赛中连续二次接发球。

2.9 一局胜方中的任一运动员可在下一局先发球，负方中的任一运动员可先接发球。

羽毛球观赛礼仪

你们知道观看羽毛球比赛时候的注意事项吗?

我知道,不能使用闪光灯拍照。

老师:羽毛球是对声、光、色彩乃至室内空气条件要求最严格的球类项目之一,任何一方面不理想都会对比赛和运动员产生负面影响。这就要求在观看羽毛球比赛过程中,要相对保持安静,不要随意发出响声,场地背景要相对较暗等。

因此,在羽毛球赛场中对观赛者应该有一套行之有效的普遍的约束机制,以保证比赛的正常进行。羽毛球赛场礼仪就是其中一种重要的约束规范。其主要内容如下:

（1）观赛者应在赛前5分钟入座,观看比赛不应吸烟。若有贵宾观看比赛时,应礼貌地鼓掌表示欢迎。

（2）颁奖奏获奖队国歌时,观赛者应肃立,不应谈笑或做其他事情。

（3）比赛中,观赛者尽量不要从座位上站起来,更不要随意在看台上来回走动。

（4）赛中，观赛者应适时为双方运动员鼓励加油。对精彩的表演可当场报以热烈的掌声和喝彩。不应喝倒彩或者起哄。

（5）观赛者要遵守赛场规定。

（8）观赛者不应提前退场。

（7）比赛结束时，观赛者应热烈鼓掌。

（8）观赛者的服饰应得体大方。

观赛禁忌：

（1）观赛者不得使用粗鲁的、不文明的、带有敌意的、攻击性的或侮辱性的语言刺激球员。

（2）观赛者在观看比赛时不得燃放烟火，不得向场内抛掷物品。

（3）观赛者不得破坏公物，不得做不文明手势。

（4）观赛者在观看比赛拍照时，不得使用闪光灯。

（5）观赛者在观看比赛时，不允许吸烟。

（6）观赛时应将手机关机或设置在振动、静音状态。

（7）观赛者不得将锣鼓、乐器等响器带入比赛场内。

羽毛球小游戏

定位球游戏

方法：在一定的距离放个标志物再画个圈，用球拍打过去离标志物最近算谁赢，可以打 3–5 个球 每人打一次，谁在里面的多谁赢。

也可以对着墙击球（可在墙面画出界限加以限制），以连续击球数多者为胜。

传球游戏

方法：三人以上围成圈，用球拍相互击球（如果用脚踢就像踢毽子一样），未击中者受罚；

颠球跑游戏

方法：两人持球站在起跑线后，听见发令向前走动或跑动，同时手里球拍开始向上颠球，高度不少于 30 公分，球掉下捡起后从掉下位置出发，最先到达终点获胜。

第八章　网　球

　　网球运动是深受人们普遍喜爱、富有乐趣的一项体育活动。它既是一种消遣，一种增进健康的手段，也是一种艺术追求和享受，还是一项扣人心弦的竞赛项目。打网球，文明、高雅，动作优美，每击出一次好球，打出弦音，使人感到兴奋异常、愉快无比。它可以培养人们动作迅速、判断准确、反应敏捷并能提高速度、力量、耐力、灵敏等素质。

网球的起源

　　网球与高尔夫球、保龄球、桌球并称为世界四大绅士运动。它的起源可以追溯到 12-13 世纪的法国，当时在传教士中流行着一种用手掌击球的游戏，方法是在空地上两人隔一条绳子，球是用布卷成圆形后用绳子绑成的，利用两手作球拍，把球从绳上丢来丢去。法国国王路易十世在位时，法国的一位诗人把这种球类游戏介绍到法国宫廷中，作为皇室贵族男女的消遣。

　　1358 年 -1360 年，这种供贵族玩的古式网球从法国传入英国，英国爱德华三世对网球发生很大兴趣，下令在宫中修建一片室内球场。当时球拍的拍面改成羊皮，球由布面改成皮面。

近代网球起源英国。1873年，会打古式网球的英国少校M. 温 菲 尔 德（Walter Clopton Wingfield），在羽毛球运动的启示下，设计了一种适用于户外的、男女都可以从事的网球运动，当时叫做司法泰克（Sphairistike，意思为击球的技术）。网球便成为一项室内、户外都能进行的体育项目，同时在英国各地建立网球运动俱乐部。

1875年，随着这项运动在8字形球场上风靡起来，全英槌球俱乐部在槌球场边另设了一片草地网球场，紧接着，古式网球的权威组织者玛利博恩板

球俱乐部为这项运动制定了一系列规则。

1875年草地网球正式取代了司法泰克。同年又建立了全英网球运动俱乐部。这个俱乐部建造了世界上的第一个网球场地，并于1877年举办了全英草地网球男子单打锦标赛，即后来闻名于世的温布尔登网球赛。近代网球运动开始流行起来了。

网球的发展

网球运动的广泛开展和比赛活动的日益频繁，没有统一的规则当然是不行的。于是在1876年，由一些地区的著名网球运动俱乐部派出代表，一起开会研究和讨论制定一个全英统一的网球规则。经过多次协商，各方代表终于对网球运动的场地、设备、打法和比赛等方面取得了一致的意见，并形成了一个统一的规则。大约在1878年以后，英国大多数网球俱乐部都逐渐按照新的打法开展活动，进行训练和比赛。

1874 年，在百慕大度假的美国女士玛丽·奥特布里奇在观看了英国军官的网球比赛后，对这项体育活动颇感兴趣，于是将网球规则、网拍和网球带到纽约。在美国，网球运动最初是在东部各学校中开展的，不久就传到中部、西部，进而在全美得到普及。此时网球运动已经由草地上演变到可以在沙土上、水泥地上、柏油地上举行比赛，于是"网球（Tennis）"的名称就慢慢替代了"草地网球（LawnTennis）"的名称，这是我们今天网球（Tennis）名称的由来。

1877 年，在英国伦敦郊外温布尔顿设置了几片草地网球总会，草地网球在英国得到了进一步的开展。同年 7 月，举办了首届草地网球锦标赛，即温布尔顿第一届比赛。亨利·琼斯同另外两个人为这次比赛制定了全新的规则，他本人担任了比赛的裁判。当时的球场为长方形的，长 23.77 米，宽 8.23 米，至今未变。发球线离网 7.92 米，网中央高度为 0.99 米。发球员发球时，可一脚站在端线前，另一脚站在端线后，发球失误一次而不判失分。采用古式室内网球的 0、15、30、45 每局计分法。可以说，亨利·琼斯是现代网球的奠基人。

1881 年，世界上第一个全国性网球协会，是美国全国草地网球协会（"全国"两字于 1920 年取消）。该协会当年 8 月 31 日至 9 月 3 日，在罗得岛纽波特港举行第一届美国草地网球的男子单打和男子双打锦标赛，采用了温布尔顿的比赛规则。参加比赛的有 26 人。单打冠军是理查兹西尔斯（他连得 7 年冠军）；双打冠军是克拉克与泰勒。

1887 年，开始举行美国草地网球女子单打锦标赛；1890 年举行女子双打锦标赛；1892 年举行混合双打锦标赛。

美国总统西奥多·罗斯福爱上了网球运动，他不仅积极支持修建网球场，举行网球比赛，而且还经常邀请陪同他骑马散步的朋友们在白宫球场上打网球，所以人们称为"网球内阁。"因此，美国的网球运动得到了空前的发展。在两次世界大战中，全世界的网球都停赛了，

惟独美国没有停下来。相反,美国的网球运动还出现了令人惊异的高峰、极盛时期,竟有 4000 万人参加网球运动,所以直到今天,美国的网球运动始终处于世界领先地位,优秀的网球明星层出不穷。

1913 年 3 月 1 日在法国的巴黎成立了世界网球的最高组织——国际网球联合会。它的成立为网球的进一步发展开辟了一条更加广阔的道路。

中国网球发展

19 世纪中,中国陆续开放了一些沿海通商口岸,西方的官员、商人、传教士和驻军络绎而至,网球运动由他们带进中国。1876 年,上海以外侨为主的网拍总会建造了两片草地网球场,这两片草地球场是上海最早的标准网球场。

1931 年,中华全国体育促进会组织成立中华网球会,开展活动参与比赛。

1972 年逐渐恢复开展活动,国家安排了一些网球比赛,但参与人数少水平低。直至改革开放后,中国网球运动才飞速发展起来。上世纪 90 年代初引进了国际大赛,举办全国巡回赛。1993 年开始尝试走职业化道路,1998 年建立了具有中国特色的职业化网球俱乐部,并举办网球俱乐部联赛,1999 年有 8 支队伍参加,现在有近 20 支队伍。 近十年来,尤其是 90 年代后期,上海等省市相继引进一些高水平的国际赛事,尤其是上世纪 2002 年底网球大师杯赛、ATP 巡回赛等高水平网球赛事的举办,有力地推动了网球运动在中国的普及与发展,参与网球的人越来越多,在青少年中的普及率逐年提高。许多城市网球场遍布于学校和居民小区。

名人堂

李芳

　　李芳是上世纪 90 年代初期第一位参加四大网球公开赛的中国选手；唯一闯入世界排名前五十位的选手；唯一走出国门，靠自己打球来养活自己的职业运动员。1992 年，李芳进入澳网第三轮，这位中国选手征战大满贯赛的最好战绩，保持了 12 年之久；1994 年，李芳进入法网第二轮，这是中国选手多年来征战法网的最好战绩，也保持了有 10 年之久。

这些人又是谁？

这些人是新中国成立后我国最早的网球运动队员。

　　左边第一个叫梅福基。1954 年被选入上海网球队。1955 年被选入国家网球集训队。属典型的底线稳健打法，在稳拉中能突然反手起拍。1953 年和 1957 年在全国网球比赛中，获男子单打冠军。1953 年（与朱振华合作）、1956 年（与吴生康合作）、1958 年（与朱振华合作）、

1959 年（与朱振华合作）、1962 年（与彭志渊合作）5 次获全国男子双打冠军。1959 年与戚凤梯合作获男女混合双打冠军，同年在波兰索波特国际网球锦标赛中，与朱振华合作，为中国首次得国际网球比赛男子双打冠军。1963 年在新兴力量运动会上获网球单打第 3 名。1957 年获运动健将称号。1964 年起任上海网球队教练。1979 年任中国网球协会副主席。1980 年获国家级教练称号。

李娜

　　1982 年 2 月 26 日出生在湖北省武汉市，毕业于华中科技大学。中国女子网球运动员，亚洲第一位大满贯女子单打冠军得主，亚洲女单世界排名最高选手。1999 年转为职业选手。2002 年年底，李娜前往华中科技大学新闻专业就读。2004 年，在丈夫姜山的鼓励和支持下选择了复出。2008 年，在北京奥运会上，李娜获得女子单打第四名。2011 年，李娜在澳大利亚网球公开赛上个人第一次打进大满贯单打决赛并夺得亚军；同年，在法国网球公开赛女单比赛中登顶封后。2013 年，在 WTA 年终总决赛中获得亚军。2014 年 1 月 25 日，第三次跻身澳大利亚网球公开赛决赛并最终收获女单冠军。

张帅

张帅 6 岁开始学习打网球。2008 年，张帅在美网从资格赛突围第一次闯进大满贯级别的女单正赛。2009 年 10 月 5 日，张帅在中国网球公开赛女单次轮中爆冷击败世界第一迪娜拉·萨芬娜。2011 年 10 月，张帅获得 WTA 大阪赛冠军，这也是其职业生涯第一个 WTA 赛事的双

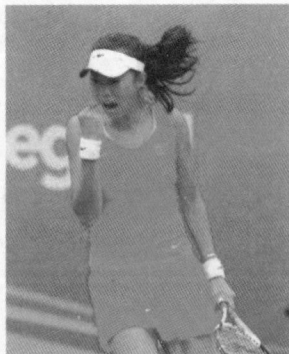

打冠军。2013 年 9 月，张帅击败美国人金久慈获得 WTA 广州网球公开赛女单冠军，同时也是职业生涯首个 WTA 赛事的单打冠军，也成为中国第五位获得 WTA 单打冠军的运动员。2014 年 2 月，张帅与彭帅组合获得 WTA 泰国芭堤雅公开赛双打冠军。2016 年初，大满贯澳网赛场上，张帅不仅在首轮击败世界第二哈勒普打破了 14 次大满贯正赛不胜魔咒，而且创历史的闯入澳网女单 8 强。

网球规则介绍

网球比赛包括男女单打、男女双打。下面就给你们讲讲比赛规则。

发球

在正式比赛前，需要确定比赛由谁先发球。整个比赛中，双方球员轮流发球。发球员在发球前应先站在端线后，中点和边线的假定延长线之间的区域里。发出的球应从网上越过，落在对角的对方发球区内。每局开始先从右区端线后发球，得或失一分后，应换到左区发球。以此类推。通常发球是将球向空中任何方向抛起，在球落地之前用球拍击球；不过，也可以使用臂下发球。

失误

如果球落在对方发球区外，比如球出线或触网，都称之为失误，发球员就要再次发球。落在边界上的球算在线内。若发球两次失误，就叫"双误"，那对手就赢一分。如果发球员在发球时脚离开了原基线，也算失误。要是发球触网，但球仍落进了对方的发球区，则为重发球。

局

每局的开始比分是 0:0，第一分球记为 15，所以，若发球员赢了这分球，比分就变为 15:0，若接球员赢了这分球，比分就为 0:15(冒号前面给出的是发球员的分数)。球员的第二分球为 30，接下来为 40(在历史上，这些数字代表 1/4 小时，即:15,30,45，但 45 后来改为了 40)。

若对方球员只有 30 或还少于 30 的话，那下一个球就能赢了这一局，因为每局比赛中，至少要比对手多 2 分球才能结束该局比赛。如果双方球员都达到了 40，此时称为"局末平分"。随着接下来的这一分，占先的球员会尽力领先 2 分，以赢得这一局。同时，紧追不舍的对手也努力扳平分数又达到"局末平分"，占先的球员赢了下一分，也就赢了这一局。

盘

如果对手落后至少两局，那么先赢得 6 局的球员就赢了一盘。但是，若这盘是 6:5，那么双方就要再打一局。若占先者赢了，即该盘比分为 7:5，判占先者赢得此盘。然而，若另一个球员把这盘扳平为 6:6，那就由决胜局（抢七局）决定谁为胜者。

赛

在 3 盘赛中，是先赢得 2 盘者为胜者，即为 3 盘 2 胜；在 5 盘赛中，是先赢得 3 者为胜者，即为 5 盘 3 胜。决胜局（抢 7 局）：在决胜局中，要本该轮到发球的球员先发第一分球，对手接着发第 2,3 分球，然后双方轮流发 2 分球。先得 7 分的球员若至少领先了对方 2 分，那么他就赢了该盘比赛。每 6 分球和决胜局结束都要交换场地。不过也有例外，如果按照事先的约定，比赛采取长盘制。则没有决胜局，只有比对方多胜两局才能赢得该盘比赛。

其他的规则

落在线上的任何球都算做界内球。

除了发球以外，触网和触网后又落入球场正确区域的球均有效。球员在回击球时，可把球击在网和固定物周围，甚至低于网的最上方。只要球最终着地在对方球场的适当位置，均为好球。发球时，对方必须在球落地一次后，才能击球，而其他时候回球时，则可在落地一次或未落地时进行。

在每一盘的奇数局结束后，双方运动员可以进行短暂的休息，然后交换场地继续进行比赛。

以下几种情况发生时，均会被判失分：

1. 球击中身体

2. 过网击球

3. 球员的手或身体的任何一部分触网或过网。

网球观赛礼仪

网球比赛是体育比赛中对观众礼仪要求非常多的一个项目，只有了解了基本的网球礼仪，才能更好地欣赏比赛。"尊重网球场上的一切人与物"，这是球员最起码的行为准则，也是观众应该做到的。做一名网球迷并不难，但做一名合格的网球观众却并不太容易，不仅需要熟知复杂的网球规则，更要了解看台上的一些约定俗成的惯例。

1. 背包入场必须安检，行李是不能带进场内的，尤其是大件的物品。在大的网球公开赛中，背包观众入场前必须通过安检门，确定包中没有危险物品方能允许进入。

2. 为了球员和观众的安全，玻璃瓶、易拉罐饮料都是不允许带进场地的，比赛时只允许带软包装饮料进入球场。任何可作为武器的用品都将被没收。

3. 一些电子通讯设备也是不能带进场地的，包括电视、收音机、电脑等等，电视及收音机的杂音会影响到选手的发挥。另外也不能带婴儿进入场地，因为他们的声音无法控制。总之，入场时要尽量按照规定，不带违规的物品，既省去一些不必要的麻烦也为自己节省时间。

4. 比赛开始应立即就座。

(1) 网球比赛中在单数局时双方球员需要换边并进行短暂的休息，但第1局结束后球员只换边而不能坐下休息，所以这时一般不允许外场观众进场。在3、5、7等单数局或一盘结束后，观众需在引导员的帮助下尽快入座。如果在比赛开始时仍没找到自己的位置，应该就地坐下，在下一次球员换边时再找。比赛进行中不应站起来来回走动。

(2) 在有观众看台的赛场上看球时，一定要在比赛开始之前坐到自己的位置上，不要随意停留在过道或坐在栏杆上看球。在没有观众看台的赛场看球时，一定要在球场挡网外围观看，千万不能进入赛场看球。

(3) 如果同时有几片场地在比赛，当你想到其他场地看球时，一定要在这一块场地的一分比赛结束后，才能从挡网后面不太显眼的地方走过，不要影响任何一块场地的比赛。

5. 在比赛开始时，一定要保持绝对安静，不要吃东西或互相聊天、喧哗，不要制造影响运动员或其他观众的声音。请一定将手机关掉或调成振动、静音状态。

6. 比赛开始后，加油鼓掌时要注意，只有在一分的比赛确实结束时，方可开始加油叫好。

7. 比赛中不得与裁判、球员进行任何形式的谈话，包括询问比分、对判罚有异议、或当面向球员叫好。

8. 当你拣到球员打飞的球后，一定要在每一分比赛结束后，方可扔入场地内，千万不得在比赛进行时，将球扔进场内而干扰比赛。

9. 如果有兴趣拍摄比赛，一定要注意绝对不可使用闪光灯。

10. 赛场内禁止吸烟。

网球小游戏

打定点球游戏：参加人数 2 人以上

方法：在地上或墙上画九宫格，表上数字 1-9，站在起点线上将球击打到相应的数字上。（按照抽签顺序击打数字）最先完成的为胜利。